Julian Müller

Im Spannungsfeld zwischen informationeller Selbstbestimmung und öffentlicher Sicherheit:

Die Quellen-Telekommunikationsüberwachung und Online-Durchsuchung als Instrumente in der deutschen Sicherheitsarchitektur

Bibliografische Information der Deutschen Nationalbibliothek:

Die Deutsche Nationalbibliothek verzeichnet diese Publikation in der Deutschen Nationalbibliografie; detaillierte bibliografische Daten sind im Internet über http://dnb.d-nb.de abrufbar.

Impressum:

Copyright © Science Factory 2019

Ein Imprint der Open Publishing GmbH, München

Druck und Bindung: Books on Demand GmbH, Norderstedt, Germany

Covergestaltung: Open Publishing GmbH

„Wer wesentliche Freiheit aufgeben kann, um eine geringfügige bloß jeweilige Sicherheit zu bewirken, verdient weder Freiheit, noch Sicherheit."

Benjamin Franklin (1775)

„Es kann nicht sein, dass es für die Verfolgung von Straftaten faktisch rechtsfreie Räume gibt"

Thomas de Maizière, Bundesminister des Inneren a.D. (2017)

Inhaltsverzeichnis

Gender-Erklärung

Aus Gründen der besseren Lesbarkeit wird in diesem Buch die Sprachform des generischen Maskulinums angewendet. Es wird an dieser Stelle darauf hingewiesen, dass die ausschließliche Verwendung der männlichen Form geschlechtsunabhängig verstanden werden soll.

Abkürzungsverzeichnis

a.D.	außer Dienst
a.F.	alte Fassung
Abs.	Absatz
AG	Amtsgericht
Amtsbl.	Amtsblatt des Saarlandes
APuZ	Aus Politik und Zeitgeschichte
Archiv PT	Archiv für Post und Telekommunikation
AsylG	Asylgesetz
AufenthG	Gesetz über den Aufenthalt, die Erwerbstätigkeit und die Integration von Ausländern im Bundesgebiet
Az.	Aktenzeichen
BayLT	Bayerischer Landtag
BayPAG	Gesetz über die Aufgaben und Befugnisse der Bayerischen Staatlichen Polizei
BayPOG	Gesetz über die Organisation der Bayerischen Staatlichen Polizei
BayRS	Bayerische Rechtssammlung
BayVBl.	Bayerische Verwaltungsblätter
BayVSG	Bayerisches Verfassungsschutzgesetz
BbgPolG	Gesetz über die Aufgaben, Befugnisse, Organisation und Zuständigkeit der Polizei im Land Brandenburg
BDSG	Bundesdatenschutzgesetz
BeckOK	Beck'scher Online-Kommentar
BeckRS	Beck-Rechtsprechung
BfJ	Bundesamt für Justiz
BfV	Bundesamt für Verfassungsschutz
BGBl.	Bundesgesetzblatt
BGH	Bundesgerichtshof
BGHSt	Entscheidungen des Bundesgerichtshofes in Strafsachen
Bitkom	Bundesverband Informationswirtschaft, Telekommunikation und neue Medien

BKA	Bundeskriminalamt
BKAG	Gesetz über das Bundeskriminalamt und die Zusammenarbeit des Bundes und der Länder in kriminalpolizeilichen Angelegenheiten
BMF	Bundesministerium der Finanzen
BMI	Bundesministerium des Inneren
BMVg	Bundesministerium der Verteidigung
BND	Bundesnachrichtendienst
BNDG	Gesetz über den Bundesnachrichtendienst
BPolG	Gesetz über die Bundespolizei
BR	Bundesrat
BT	Bundestag
BtMG	Gesetz über den Verkehr mit Betäubungsmitteln
BVA	Bundesverwaltungsamt
BVerfG	Bundesverfassungsgericht
BVerfGE	Entscheidungen des Bundesverfassungsgerichts
BVerfGG	Gesetz über das Bundesverfassungsgericht
BVerfSchG	Gesetz über die Zusammenarbeit des Bundes und der Länder in Angelegenheiten des Verfassungsschutzes und über das Bundesamt für Verfassungsschutz
BVERWGE	Entscheidungen des Bundesverwaltungsgerichts
CCC	Chaos Computer Club
CC-TKÜ	Kompetenzzentrum-Telekommunikationsüberwachung
CDU	Christlich Demokratische Union Deutschlands
COMINT	Communication Intelligence
CSU	Christlich-Soziale Union in Bayern
DAV	Deutscher Anwaltverein
DJT	Deutscher Juristentag
DÖV	Die Öffentliche Verwaltung
Drs.	Drucksache
DuD	Datenschutz und Datensicherheit

DVPolG	Gesetz über die Datenverarbeitung der Polizei
EAID	Europäische Akademie für Informationsfreiheit und Datenschutz
EU	Europäische Union
FAG	Fernmeldeanlagengesetz
FamFG	Gesetz über das Verfahren in Familiensachen und in den Angelegenheiten der freiwilligen Gerichtsbarkeit
FDGO	Freiheitliche demokratische Grundordnung
FD-StrafR	Fachdienst Strafrecht
FS	Festschrift
FSB	Föderaler Dienst für Sicherheit der Russischen Föderation
G10	Gesetz zur Beschränkung des Brief-, Post- und Fernmeldegeheimnisses
G20	Gruppe der zwanzig wichtigsten Industrie- und Schwellenländer
GBA	Der Generalbundesanwalt beim Bundesgerichtshof
GFF	Gesellschaft für Freiheitsrechte
GG	Grundgesetz
GPS	Global Positioning System
GTAZ	Gemeinsames Terrorismusabwehrzentrum
GÜG	Gesetz zur Überwachung des Verkehrs mit Grundstoffen, die für die unerlaubte Herstellung von Betäubungsmitteln missbraucht werden können
GV NRW	Gesetz- und Verordnungsblatt des Landes Nordrhein-Westfalen
GVBL	Gesetz- und Verordnungsblatt für das Land Hessen
GVBl. R-P	Gesetz- und Verordnungsblatt für das Land Rheinland-Pfalz
GVBl. LSA	Gesetz- und Verordnungsblatt für das Land Sachsen-Anhalt
GVBl.	Gesetz- und Verordnungsblatt
GVG	Gerichtsverfassungsgesetz
GVOBl. Schl.-H.	Gesetz- und Verordnungsblatt für Schleswig-Holstein
HambGVbl.	Hamburgisches Gesetz- und Verordnungsblatt
HRRS	Online-Fachzeitschrift für höchstrichterliche Rechtsprechung im Strafrecht

Hrsg.	Herausgeber
HS	Halbsatz
HSOG	Hessisches Gesetz über die öffentliche Sicherheit und Ordnung
HStR	Handbuch des Staatsrechts
HUMINT	Human Intelligence
HVSG	Hessisches Verfassungsschutzgesetz
HVSG-E	Gesetzentwurf für ein Gesetz zur Neuausrichtung des Verfassungsschutzes in Hessen
i.V.m.	in Verbindung mit
IMK	Innenministerkonferenz
IMSI	International Mobile Subscriber Identity
INA	Innenausschuss
InfoMedienR	Informations- und Medienrecht
IP	Internet Protocol
JR	Juristische Rundschau
JurPC	Internetzeitschrift für Rechtsinformatik und Informationsrecht
JuS	Juristische Schulung
JZ	Juristenzeitung
KK-StPO	Karlsruher Kommentar zur Strafprozessordnung
KrWaffG	Ausführungsgesetz zu Artikel 26 Abs. 2 des Grundgesetzes (Gesetz über die Kontrolle von Kriegswaffen)
LfV	Landesbehörde für Verfassungsschutz
LG	Landgericht
Lit.	Littera
LKA	Landeskriminalamt
LKÄ	Landeskriminalämter
LSK	Leitsatzkartei des deutschen Rechts
LVG	Landesverfassungsgericht
LVwG	Allgemeines Verwaltungsgesetz für das Land Schleswig-Holstein
m.W.v.	mit Wirkung von

MAD	Bundesamt für den militärischen Abschirmdienst
MADG	Gesetz über den militärischen Abschirmdienst
MEPolG	Musterentwurf eines einheitlichen Polizeigesetzes
MMR	Multimedia und Recht
MMS	Multimedia Messaging Service
MüKoStGB	Münchener Kommentar zum Strafgesetzbuch
MüKoStPO	Münchener Kommentar zur Strafprozessordnung
mwn	mit weiteren Nachweisen
n.F.	neue Fassung
Nds. GVBl.	Niedersächsisches Gesetz- und Verordnungsblatt
Nds. SOG	Niedersächsisches Gesetz über die öffentliche Sicherheit und Ordnung
NDÜV	Verordnung über die Übermittlung von Auskünften an die Nachrichtendienste des Bundes
NJOZ	Neue Juristische Online-Zeitschrift
Nomos-BR	Nomos Bundesrecht
NRW	Nordrhein-Westfalen
NStZ	Neue Zeitschrift für Strafrecht
NVwZ	Neue Zeitschrift für Verwaltungsrecht
OK	Organisierte Kriminalität
OLG	Oberlandesgericht
PAG	Polizeiaufgabengesetz
PGP	Pretty Good Privacy
PKGr	Parlamentarisches Kontrollgremium
PKKG	Gesetz über die Parlamentarische Kontrollkommission
PolG	Polizeigesetz
PolR	Allgemeines Polizei- und Ordnungsrecht
PolR-HdB	Handbuch des Polizeirechts
PS	Polizeilicher Staatsschutz
Quellen-TKÜ	Quellen-Telekommunikationsüberwachung

RAF	Rote Armee Fraktion
RGBl.	Reichsgesetzblatt
RhPfPOG	Polizei- und Ordnungsbehördengesetz Rheinland-Pfalz
RiStBV	Richtlinien für das Strafverfahren und das Bußgeldverfahren
Rn.	Randnummer
S.	Satz
SAnhVerfG	Verfassungsgericht des Landes Sachsen-Anhalt
SC-TKÜ	Servicezentrum-Telekommunikationsüberwachung
SMS	Short Message Service
SOG LSA	Gesetz über die öffentliche Sicherheit und Ordnung des Landes Sachsen-Anhalt
SOG M-V	Gesetz über die öffentliche Sicherheit und Ordnung in Mecklenburg-Vorpommern
SPD	Sozialdemokratische Partei Deutschlands
SPolG	Saarländisches Polizeigesetz
StGB	Strafgesetzbuch
StPO	Strafprozessordnung
SÜG	Gesetz über die Voraussetzungen und das Verfahren von Sicherheitsüberprüfungen des Bundes und den Schutz von Verschlusssachen
ThürPAG	Thüringer Gesetz über die Aufgaben und Befugnisse der Polizei
TK	Telekommunikation
TKG	Telekommunikationsgesetz
TKÜ	Telekommunikationsüberwachung
TKÜV	Verordnung über die technische und organisatorische Umsetzung von Maßnahmen zur Überwachung der Telekommunikation
VATM	Verband der Anbieter von Telekommunikations- und Mehrwertdiensten
VerfGH	Verfassungsgerichtshof
VoIP	Voice over IP
V-Person	Vertrauensperson

VS	Verschlusssache
VSG NRW	Verfassungsschutzgesetz Nordrhein-Westfalen
VSG-E	Gesetzentwurf zur Änderung des hessischen Verfassungsschutzgesetzes
WD	Wissenschaftlicher Dienst
WLAN	Wireless Local Area Network
ZD	Zeitschrift für Datenschutz
ZFdG	Gesetz über das Zollkriminalamt und die Zollfahndungsämter
ZITiS	Zentrale Stelle für Informationstechnik im Sicherheitsbereich
ZKA	Zollkriminalamt
ZRP	Zeitschrift für Rechtspolitik
ZSK	Zentralstelle für Kommunikationstechnologien
ZStrW	Zeitschrift für die gesamte Strafrechtswissenschaft

Alle übrigen Abkürzungen sind entnommen aus Kirchner, H., Abkürzungsverzeichnis der Rechtssprache, 9. Auflage, Berlin 2015.

Abbildungsverzeichnis

I. Einführung

„Es kann nicht sein, dass es für die Verfolgung von Straftaten faktisch rechts-freie Räume gibt"[1], postulierte der Bundesminister des Inneren a.D. Thomas de Maizière auf der Innenministerkonferenz[2] (IMK) im Juni 2017. Aufgrund der annährend apodiktischen Zustimmung bei grundsätzlich allen Innenmi-nistern der Länder[3] darf diese Aussage damit als Primat der Telekommuni-kationsüberwachung (TKÜ) anno 2018 verstanden werden. Konkret bezieht sich de Maizière vorwiegend auf die evidente Problematik, dass in Zeiten ver-schlüsselter Telekommunikation, welche insbesondere durch Messenger-Dienste wie WhatsApp, Telegram, Threema oder Signal ermöglicht wird, die bisher gewöhnliche TKÜ nicht mehr zielführend ist; die vollständige Ent-schlüsselung derartiger Kommunikations-Dienste stellt die Sicherheitsbe-hörden vor erhebliche Probleme, da aus technischen Gründen eine umfas-sende Entschlüsselung der chiffrierten Telekommunikation durch die herkömmliche TKÜ nicht möglich ist. Dieser Umstand wurde bereits im Jahr 2015 durch das technisch auf höchstem Maße fortschrittliche US-amerikani-sche Department of Homeland Security in einer umfassenden Feldanalyse problematisiert.[4] Ferner sind die Betreiber der Messenger-Dienste bislang nicht bereit, mit (deutschen) Sicherheitsbehörden zu kooperieren.[5] Um die-ses Problem wirksam zu lösen, ist es regelmäßig notwendig, die Kommuni-kation bereits vor der Verschlüsselung oder nach der Entschlüsselung auf ei-nem informationstechnischen Gerät zu erfassen. Diese Vorgehensweise wird gemeinhin als Quellen-Telekommunikationsüberwachung (Quellen-TKÜ)

---

[1] *Zeit Online*, Innenminister einigen sich auf Überwachung von WhatsApp, Internetquelle.

[2] Die IMK wurde 1954 errichtet, um die länderübergreifende fachliche Zusammenarbeit nicht nur auf Beamten-, sondern auch auf der politischen Ebene zu verankern.

[3] *Dresdner Neueste Nachrichten*, Bund und Länder wollen Standards im Kampf gegen Terror, Internetquelle.

[4] *U.S. Department of Homeland Security*, Field Analysis Report, Assessing ISIL's Influence and Per-ceived Legitimacy in the Homeland: A State and Local Perspective, S. 6 ff.

[5] *Die Welt*, Messengerdienste wollen sich nicht überwachen lassen, Internetquelle. Vgl. Hierzu auch die aktuelle Blockade des Messenger-Dienstes Telegram in Russland aufgrund der feh-lenden Kooperation des Messenger-Dienstes mit dem russischen Inlandsnachrichtendienst FSB.

bezeichnet und wurde bereits in diversen Polizeigesetzen des Bundes und der Länder sowie in bestimmten Landesverfassungsschutzgesetzen normiert (z. B. § 51 Abs. 2 BKAG[6], Art. 13 BayVSG[7]) und wurde durch die StPO-Reform im August 2017 auch ausdrücklich in die deutsche Strafprozessordnung (§ 100a StPO[8]) implementiert. Auch im Bereich des Bundesamtes für Verfassungsschutz (BfV) sowie des Zollfahndungsdienstes wird die Quellen-TKÜ mitunter bereits seit mehreren Jahren betrieben, wie aus einer Antwort der Bundesregierung auf eine kleine Anfrage der Fraktion Die Linke aus dem Jahr 2011 hervorgeht.[9] Allerdings unterblieb bisher eine explizite Kodifizierung des Rechtes zur Quellen-TKÜ in Anlehnung an § 51 Abs. 2 BKAG im BVerfSchG[10], obschon ein entsprechender Gesetzesantrag vom Freistaat Bayern am 21. 03. 2017 eingereicht wurde.[11] Auch die Rechtsgrundlage für die Zollverwaltung (ZFdG[12]) normiert die Quellen-TKÜ nicht explizit.

Auf Landesebene nutzen mehrere Landeskriminalämter (LKÄ) die Quellen-TKÜ.[13] Auch das Landesamt für Verfassungsschutz (LfV) Bayern verwendet die Quellen-TKÜ (Art. 13 BayVSG) seit mehreren Jahren aktiv. Ein entsprechender Antrag zur Änderung des hessischen Gesetzes über das Landesamt für Verfassungsschutz (HVSG[14]), der unter anderem die Integration der

---

[6] Gesetz über das Bundeskriminalamt und die Zusammenarbeit des Bundes und der Länder in kriminalpolizeilichen Angelegenheiten (BKAG) v. 07.07.1997, BGBl. I, 1650, zuletzt geändert durch Gesetz v. 01.06.2017, BGBl. I, 1354, m.W.v. 25.05.2018.

[7] Bayerisches Verfassungsschutzgesetz (BayVSG) v. 12.07.2016, GVBl., 145.

[8] Strafprozessordnung (StPO) v. 07.04.1987, BGBl. I, 1074, zuletzt geändert durch Artikel 2 des Gesetzes v. 30.10.2017, BGBl. I, 3618.

[9] BT-DRS. 17/7760, S.4.

[10] Gesetz über die Zusammenarbeit des Bundes und der Länder in Angelegenheiten des Verfassungsschutzes und über das Bundesamt für Verfassungsschutz (BVerfSchG) v. 20.12.1990, BGBl. I, 2954, zuletzt geändert durch Artikel 2 G. v. 30.06.2017, BGBl. I, 2097.

[11] BR-DRS. 228/17, S.1.

[12] Gesetz über das Zollkriminalamt und die Zollfahndungsämter (ZFdG) v. 16.08.2002, BGBl. I, 3202, zuletzt geändert durch Artikel 15 des Gesetzes v. 17.08.2017, BGBl. I, 3202.

[13] So wird beispielsweise die Quellen-TKÜ im LKA Bayern bereits seit dem 01.01.2008 eingesetzt, vgl.: *Der bayerische Landesbeauftragte für Datenschutz*, Prüfbericht Quellen-TKÜ, S. 5 ff.

[14] Hessisches Gesetz über das Landesamt für Verfassungsschutz (HVSG) v. 19.12.1990, GVBl. I, 753, zuletzt geändert durch Artikel 2 des Gesetzes v. 27.06.2013, GVBl., 444.

Quellen-TKÜ in das HVSG vorsieht, wird gegenwärtig kontrovers diskutiert.[15] Eine kommensurable Regelung bezüglich des heimlichen Zugriffs auf informationstechnische Systeme unter dem Einsatz technischer Mittel des Verfassungsschutzgesetzes des Landes Nordrhein-Westfalen (§ 5 Abs. 2 Nr. 11 VSG NRW[16] a.F.) wurde indes aufgrund der festgestellten Verfassungswidrigkeit durch das Bundesverfassungsgericht (BVerfG) aus dem VSG NRW entfernt.[17]

Wenngleich gelegentlich als Synonym verwendet, ist von der Quellen-TKÜ die Online-Durchsuchung zu differenzieren.[18] Während bei der Quellen-TKÜ nur die laufende Kommunikation der überwachten Person mitgeschnitten wird, können bei der Online-Durchsuchung auch die auf dem informationstechnischen System gespeicherten Daten analysiert werden; sie ist daher als ungleich invasiverer Eingriff in die informationelle Selbstbestimmung des Betroffenen zu werten. Aus technischer Sicht ist der Unterschied der beiden Maßnahmen jedoch gering, so wird stets heimlich eine Software auf dem jeweiligen Gerät platziert, welche in der Folge Daten abgreift und an die Sicherheitsbehörden übermittelt, welche durch diese ausgewertet, analysiert und beurteilt werden. Die normativen Grundlagen der Online-Durchsuchung bestehen in vergleichbarem Ausmaß wie bei der Quellen-TKÜ.[19] So ist die Maßnahme im bundespolizeirechtlichen Rahmen in § 49 BKAG und im strafprozessualen Rahmen in § 100b StPO normiert. Eine Kodifizierung in Anlehnung an § 49 BKAG im BVerfSchG für das BfV unterblieb jedoch ungeachtet eines entsprechenden Gesetzesantrages des Freistaates Bayern.[20] Eine dem BKAG und StPO komparable Normierung der Online-Durchsuchung für einen

---

[15] *Frankfurter Rundschau*, Hessens Verfassungsschutz soll mitlesen, <u>Internetquelle</u>.

[16] Gesetz über den Verfassungsschutz in Nordrhein-Westfalen (VSG NRW) v. 20.12.1994, GV NRW 1995, 28, zuletzt geändert durch Gesetz v. 06.03.2018, GV NRW, 144.

[17] *BVerfG*, Urteil v. 27.02.2008 - 1 BvR 370/07, 1 BvR 595/07, BVerfGE 120, 274 (350) = NJW 2008, 822.

[18] Für eine prononciertere Unterscheidung zwischen der Quellen-TKÜ und Online-Durchsuchung, vgl. *B. Die Telekommunikationsüberwachung, Quellen-Telekommunikationsüberwachung und Online-Durchsuchung im sicherheitsrechtlichen Kontext.*

[19] Vgl. *E. Normative Grundlagen für die Quellen-Telekommunikationsüberwachung und Online-Durchsuchung.*

[20] BR Drs. 227/17.

Landesnachrichtendienst findet sich jedoch bereits in Art. 10 BayVSG für das LfV Bayern. Für das LfV Hessen wird die Kompetenzerteilung für die Online-Durchsuchung zusammen mit der Quellen-TKÜ gegenwärtig kontrovers diskutiert.[21]

Hintergrund für diese verschärften Eingriffsrechte des deutschen Staates ist insbesondere die tatsächlich erhöhte Gefahr von schweren und schwersten Straftaten, welche vom islamistisch-terroristischen Personenpotential auszugehen drohen. So lag im Februar 2018 die Anzahl der vom BfV als „islamistisch-terroristisch" ausgemachten Subjekten beim historisch höchsten Wert von 1.880 Personen.[22] Bereits in den Jahren 2006 bis 2014 wurde die Gefahr, die von radikalen Islamisten in Deutschland ausgeht, in der Bevölkerung als zunehmend stärker wahrgenommen, wodurch auch das allgemeine Angstgefühl der Deutschen anstieg.[23] Im Jahr 2016 kam es zu fünf Anschlägen mit islamistischen Hintergrund in Deutschland. Am 19. 12. 2016 wurde hierzulande der bislang schwerste Terroranschlag mit religiösem Hintergrund verübt. Die Tat forderte zwölf Tote und über 50 Verletzte.[24] Die in der Öffentlichkeit bis dahin eher als abstrakt wahrgenommene Gefahr des islamistischen Terrorismus hat sich im Jahr 2016 also final konkretisiert und führte erneut vielfach zu einem erhöhten Sicherheitsbedürfnis der Bürger. So befürchteten gemäß einer im Juni 2017 durchgeführten repräsentativen Umfrage 80% der Bürger einen Terroranschlag in nächster Zeit in Deutschland.[25] Dabei glaubten 40% der Befragten, dass in Deutschland nicht genug zum Schutz gegen den Terrorismus getan wird[26] und im Januar 2016 befürworten 70% der Befragten grundsätzlich eine Verschärfung der Überwachungsmaßnahmen zur Bekämpfung des Terrorismus in Deutschland.[27]

---

[21] *Frankfurter Rundschau*, Hessens Verfassungsschutz soll mitlesen, Internetquelle.

[22] *Bundesamt für Verfassungsschutz*, Rede von BfV-Präsident Dr. Maaßen auf dem 21. Europäischen Polizeikongress am 7. Februar 2018 in Berlin, Internetquelle.

[23] *Frankfurter Allgemeine Zeitung*, Nr. 293, 17.12.2014, S. 8.

[24] *Bundesministerium des Inneren*, Verfassungsschutzbericht 2016, S. 155 f.

[25] ZDF Politbarometer v. 02.06.2017.

[26] ZDF Politbarometer v. 02.06.2017.

[27] ARD-DeutschlandTREND, Januar 2016, S. 26.

Doch nicht nur der islamistische Terrorismus stellt eine erhebliche Gefahr für die innere Sicherheit der Bundesrepublik Deutschland dar. Der Fall des ehemaligen Oberleutnants der Bundeswehr Franco A. zeigte, dass schwere staatsgefährdende Straftaten auch durch Rechtsextremisten drohen. Franco A. plante – getarnt als syrischer Flüchtling – schwerste Gewalttaten in der Bundesrepublik Deutschland zu begehen.[28] Auch die Ausschreitungen durch Linksextremisten beim G20-Gipfel in Hamburg im Juli 2017 mit 231 verletzten Polizisten zeigten, dass international vernetzte Linksextremisten, die teilweise die Schwelle zum Linksterrorismus überschreiten, auch planvoll und organisiert schwere und schwerste Straftaten begehen und dabei auch den Tod von Personen – insbesondere von Polizeibeamten – zumindest billigend in Kauf nehmen.[29]

In diesen drei klassischen Arbeitsfeldern der Verfassungsschutzbehörden erscheint eine wirksame TKÜ – angepasst an die technologische Entwicklung - zur Sicherung der freiheitlich demokratischen Grundordnung zunächst dringend geboten. Fraglich bleibt einstweilen in diesem Zusammenhang, ob die Quellen-TKÜ und Online-Durchsuchung als Maßnahmen zur Verhinderung der geschilderten Straftaten als verhältnismäßig zu beurteilen sind.

Eine TKÜ wird jedoch nicht nur bei (drohenden) schweren staatsgefährdenden Straftaten angewandt, sondern durch die Strafverfolgungs- und Gefahrenabwehrbehörden auch bei bedeutend weniger gravierenden Delikten. Namentlich sind dies in der vom Bundesamt für Justiz (BfJ) jährlich veröffentlichten Übersicht über die TKÜ (Maßnahmen nach § 100a StPO)[30] etwa Wirtschaftsstraftaten wie der Subventionsbetrug (§ 100a Abs. 2 Nr. 1o StPO), Bankrott (§ 100a Abs. 2 Nr. 1q StPO), Straftaten gegen den Wettbewerb (§ 100a Abs. 2 Nr. 1r StPO) oder die Steuerhinterziehung (§ 100a Abs. 2 Nr. 2a StPO).

---

[28] *Spiegel Online*, Flüchtling und Soldat - das Doppelleben von Oberleutnant Franco A., Internetquelle.

[29] *Bundesamt für Verfassungsschutz*, Massive Ausschreitungen beim G20-Gipfel in Hamburg – Reaktionen der linksextremistischen Szene, Internetquelle.

[30] *Bundesamt für Justiz*, Übersicht Telekommunikationsüberwachung 2016, S. 2.

Hierbei muss allerdings betont werden, dass eine Unterscheidung zwischen der gewöhnlichen TKÜ und der Quellen-TKÜ nicht getroffen wird. Fakt ist jedoch, dass die Quellen-TKÜ potentiell auf der Rechtsgrundlage von § 100a Abs 1. S. 2 StPO angewendet werden darf, da es sich bei den genannten Delikten um Katalogstraftaten des § 100a Nr. 2 StPO handelt. Die Anzahl der Online-Durchsuchungen nach § 100b StPO wird in der Übersicht des BfJ nicht ausgewiesen. In den Katalogstraftaten des § 100b StPO finden sich indes auch Taten, die weder akut das Leib, Leben oder die Freiheit von Personen noch den Bestand des Bundes oder eines Landes bedrohen. Namentlich sind dies etwa Straftaten nach dem BtMG[31] sowie nach dem AsylG[32] und AufenthG[33]. Hierbei drängt sich die Frage auf, ob solch invasive Eingriffe aufgrund derartiger Delikte noch angemessen und als relativ mildestes Mittel anzusehen sind.

Schon die grundsätzliche Problematik der TKÜ ist offensichtlich, denn das Grundrecht auf die Wahrung des Fernmeldegeheimnisses (Art. 10 GG[34]) wird bei jedem Betroffenen in erheblichem Maße eingeschränkt. Bereits jegliche Kenntnisnahme, Aufzeichnung und Verwertung von Kommunikationsdaten sind dabei als Grundrechtseingriff zu qualifizieren.[35] Die informationelle Selbstbestimmung des Einzelnen, also das Recht, selbst über die Verwendung der eigenen personenbezogenen Daten zu bestimmen, als Aufgabe des Staates wird insofern abbedungen.[36] Bereits die herkömmliche TKÜ dringt tief in die Privat- und teilweise sogar in die Intimsphäre der Betroffenen ein. Dieser

---

[31] Gesetz über den Verkehr mit Betäubungsmitteln (BtMG) v. 01.03.1994, BGBl. I, 358, zuletzt geändert durch Verordnung v. 16.06.2017, BGBl. I, 1670, m.W.v. 21.06.2017.

[32] Asylgesetz (AsylG) v. 02.09.2008, BGBl. I, 1798, zuletzt geändert durch Art. 2 G zur besseren Durchsetzung der Ausreisepflicht v. 20.7.2017, BGBl. I, 2780.

[33] Gesetz über den Aufenthalt, die Erwerbstätigkeit und die Integration von Ausländern im Bundesgebiet (AufenthG) v. 25.02.2008, BGBl. I, 162, zuletzt geändert durch Gesetz v.08.03.2018, BGBl. I, 342, m.W.v. 16.03.2018.

[34] Grundgesetz für die Bundesrepublik Deutschland (GG) v. 23.05.1949, BGBl. III, 100-1, zuletzt geändert durch Artikel 1 des Gesetzes v. 13.07.2017, BGBl. I, 2347.

[35] Vgl. BVerfGE 125, 260 Rn. 190 = NJW 2010, 833, BVerfGE 85, 386 [398] = NJW 1992, 1875; BVerfGE 100, 313 [366] = NJW 2000, 55; BVerfGE 110, 33 [52 f.] = NJW 2004, 2213.

[36] Vgl. *Durner*, in: Maunz/Dürig GG Art. 10 Rn. 54-59; *Murswiek/Rixen*, in: Sachs, GG Art. 2 Rn. 121-122.

Effekt wird – zumindest bei der Online-Durchsuchung – in nicht unerheblichem Maße verstärkt, so dass die Gefahr droht, dass eine bedeutende Menge an Daten aus dem Kernbereich der privaten Lebensgestaltung[37] des Betroffenen durch die Sicherheitsbehörden erfasst werden. Denn neben der Erfassung und Analyse der gesamten Telekommunikation des Betroffenen ist auch die Sichtung gespeicherter (privater) Fotos, Videos, Memos und anderer Daten mithilfe der Online-Durchsuchung vorgesehen. Dabei werden gegebenenfalls auch besonders schutzwürdige Interessen der Betroffenen verletzt. So können regelmäßig auch intimste Informationen zu den Betroffenen, etwa zum Gesundheitszustand, der inneren Gefühlswelt oder etwaiger sexueller Vorlieben durch die Strafverfolgungs-/Gefahrenabwehrbehörden und Nachrichtendienste in Echtzeit mitgelesen werden.

In dieser Qualifizierungsarbeit soll daher den Fragen nachgegangen werden, in welcher Weise die Quellen-TKÜ und Online-Durchsuchung gegenwärtig in der deutschen Sicherheitsarchitektur Anwendung finden und wie deren normativer Status quo ausgestaltet ist. Es soll ferner festgestellt werden, ob oder in welchem Ausmaße die Quellen-TKÜ und Online-Durchsuchung mit dem geltenden deutschen Recht vereinbar sind. Insgesamt fraglich ist daher, inwieweit derartige Überwachungsmaßnahmen mit dem Grundrecht auf informationelle Selbstbestimmung kompossibel sind.

Dafür sollen neben der Differenzierung zwischen der herkömmlichen TKÜ, Quellen-TKÜ und Online-Durchsuchung sowie der kurzen Skizzierung der Entwicklung und Struktur der TKÜ im Allgemeinen zunächst das System der deutschen Sicherheitsbehörden untersucht werden, um so die Anwendungsberechtigten differenziert betrachten zu können. Um das Spannungsfeld zwischen der informationellen Selbstbestimmung und der öffentlichen Sicherheit näher betrachten zu können, werden anschließend die einschlägigen bundes- und landesgesetzlichen normativen Grundlagen für die Quellen-TKÜ und die Online-Durchsuchung betrachtet und die wichtigsten Urteile zum Thema ausgewertet. Durch diese Erkenntnisse können Ableitungen für die vorliegende Rechtslage sowie für die grundsätzliche Rechtskonformität der

---

[37] Vgl. *E. IV. 2. Kernbereich privater Lebensgestaltung*

sogenannten „Staatstrojaner" getroffen werden; gleichfalls sollen die rechtlichen Grenzen ihres Einsatzes hierdurch ersichtlich werden. Abschließend wird diese Masterarbeit mit konkreten Handlungsempfehlungen für die Anwendung der Quellen-TKÜ und Online-Durchsuchung sowie mit Empfehlungen für die Anpassung ihrer Rechtsgrundlagen.

Aufgrund der gestiegenen Sicherheitsrisiken und der erhöhten Angstgefühle in der Bevölkerung werden in der aktuellen politischen Diskussion noch weitere Maßnahmen zur Aufrechterhaltung der inneren Sicherheit kontroversiell eruiert. Auf die Anwendung und Rechtskonformität anderer Maßnahmen als der Quellen-TKÜ und der Online-Durchsuchung, wie z. B. der Vorratsdatenspeicherung[38], der automatisierten Gesichtserkennung[39], der Aufhebung der Beschränkung für die Speicherung, Verarbeitung und Nutzung von personenbezogenen Daten Minderjähriger[40] oder der geplanten Weitergabe von Verkehrsdaten, die der Speicherpflicht des § 113b TKG[41] unterliegen, an das Bundeskriminalamt (BKA) und BfV kann im Rahmen dieser Arbeit indessen nicht eingegangen werden.[42]

§ 110 Abs. 3 StPO kodifiziert den Zugriff der Strafverfolgungs- und Gefahrenabwehrbehörden auf Cloud-Computing-Dienste[43]. Im Schrifttum wird bei dieser Maßnahme auch von der „kleinen Online-Durchsuchung" gesprochen.[44] Auch diese Form der Informationserhebung wird im Rahmen dieser Masterarbeit nicht näher untersucht.

---

[38] Vorratsdatenspeicherung bezeichnet die anlasslose Speicherung personenbezogener Daten für öffentliche Stellen, ohne dass die Daten zum Zeitpunkt der Erhebung benötigt werden.

[39] Das Pilotprojekt zur automatisierten Gesichtserkennung am Bahnhof Südkreuz in Berlin wird vom Bundesminister des Inneren a.D. Thomas de Maizière positiv gesehen. Der Testlauf verlängert sich bis Ende

[40] Vgl. BR Drs. 226/17.

[41] Telekommunikationsgesetz (TKG) v. 22.06.2004, BGBl. I, 1190, zuletzt geändert durch Artikel 10 Absatz 12 des Gesetzes v. 30.10.2017, BGBl. I, 3618.

[42] Vgl. BR Drs. 229/17.

[43] Die „Cloud" (dt. Rechner- oder Datenwolke) bezeichnet online-basierte Dienstleistungen wie die ortsunabhängige Bereitstellung von Speicherplatz, Rechenleistungen und Anwendungssoftware (*Gabler Wirtschaftslexikon*, Cloud Computing, Internetquelle).

[44] Vgl. *Brodowski/Eisenmenger*, ZD 2014, 119 (126); *Marberth-Kubicki*, Computer- und Internetstrafrecht, Rn. 458-462.

Wenn in dieser Arbeit die Rede von Nachrichtendiensten ist, sind damit ausschließlich die Inlandsnachrichtendienste BfV, die 16 LfV sowie der militärische Nachrichtendienst Bundesamt für den militärischen Abschirmdienst (MAD) gemeint. Der Bundesnachrichtendienst (BND) als reiner Auslandsnachrichtendienst mit dessen rechtlichen und organisatorischen Besonderheiten wird nur teilweise tangiert und unterbleibt einer genaueren Untersuchung.

II. Die Telekommunikationsüberwachung, Quellen-Telekommunikationsüberwachung und Online-Durchsuchung im sicherheitsrechtlichen Kontext

Zunächst gilt es, die Quellen-TKÜ und Online-Durchsuchung von der bisher üblichen TKÜ technisch und juristisch abzugrenzen, so soll die besondere (juristische) Problematik der Quellen-TKÜ und Online-Durchsuchung ersichtlich werden. Diese Ergebnisse sollen als Grundlage für die weitere Bearbeitung der Forschungsfrage dienen.

II.1 Telekommunikationsüberwachung

Telekommunikation (TK) bezeichnet im Allgemeinen den technischen Vorgang des Aussendens, Übermittelns und Empfangens von Signalen mittels Telekommunikationsanlagen (§ 3 Nr. 22 TKG).

TKÜ bezeichnet dahingehend die Möglichkeit, unerkannt die zwischen zwei oder mehreren Telekommunikationsteilnehmern versandte Sprache, Text, Bilder und/oder Filme durch staatliche Stellen überwachen zu können, indem die ausgesendeten TK-Signale im TK-Netz durch die jeweils zuständige Sicherheitsbehörde erfasst, ausgewertet, analysiert und beurteilt werden. Grundsätzlich werden alle modernen Formen der Datenkommunikation, also auch E-Mails, SMS, MMS, Voice over IP (VoIP)[45] sowie die (mit-)übertragenen Bilder einer Webcam[46] unter dem Begriff der Telekommunikation subsumiert. Dabei ist es irrelevant, ob die Daten unter Einsatz von WLAN-Technik, Hotspots, Breitband- und Kabelnetzen, über Satelliten- oder Laserkommunikation übertragen werden.[47] Die TKÜ ist von anderen technischen Überwachungsmaßnahmen wie etwa technischen Observationsmaßnahmen (z. B. GPS-Ortung), Videoüberwachung sowie sogenannten IMSI-Catchern[48]

---

[45] VoIP bezeichnet Internet-Telefonie, z. B. durch den Instant-Messaging-Dienst Skype.

[46] *LG Hamburg* Beschluss v. 13.09.2010, Az. 608/Qs 17/10.

[47] *Generalstaatsanwaltschaft München*, Leitfaden zum Datenzugriff insbesondere für den Bereich der Telekommunikation, Stand Juni 2011, S. 11.

[48] IMSI-Catcher lesen technische Parameter von Mobiltelefonen aus.

abzugrenzen.[49] Auf die technischen und rechtlichen Implikationen derartiger Überwachungsmaßnahmen kann in dieser Masterarbeit jedoch nicht näher eingegangen werden.[50]

Durch legislative Bestimmungen wird durch den Gesetzgeber die Befugnis erteilt, die Telekommunikation durch bestimmte Behörden aufzeichnen und auswerten zu lassen. Die tatsächliche Überwachung geschieht unter Umständen unter der Mitwirkung der jeweiligen Telekommunikationsunternehmen.[51] Diese Maßnahme ist in einer streitbaren und wehrhaften Demokratie auch bei drohenden Gefahren unerlässlich, um so nicht nur Individuen vor schwerwiegenden Straftaten zu schützen, sondern die gesamte freiheitliche demokratische Grundordnung (FDGO)[52] in der Bundesrepublik Deutschland zu sichern. Die TKÜ ist allerdings auch ein schwerwiegender Eingriff in das Fernmeldegeheimnis (Art. 10 GG) und das allgemeine Persönlichkeitsrecht (Art. 2 Abs. 1 i.V.m. Art. 1 Abs. 1 GG),[53] da diese Maßnahme tiefgreifende Einblicke in das soziale Umfeld, das Kommunikationsverhalten und – mitunter zutiefst - persönliche Daten, Gedanken und Gefühle zulässt. Eine Manipulation des Endgerätes ohne Zustimmung des jeweiligen Inhabers, die das heimliche Aufzeichnen oder Abhören von Kommunikation ermöglicht, führt im Allgemeinen zu einem Eingriff in Art. 10 GG. Ist das Aufzeichnen oder Abhören indes durch einen Kommunikationspartner einem Dritten ohne Zustimmung des anderen gestattet, ist nicht Art. 10 GG, sondern das allgemeine Persönlichkeitsrecht (Art. 2 Abs. 1 GG) des anderen verletzt, denn das Recht am gesprochenen Wort ist hier als Teil des benannten Grundrechtes aus

---

[49] *Bundeszentrale für politische Bildung*, Technische Überwachungsmaßnahmen, <u>Internetquelle</u>.

[50] Vgl. hierzu: *Brodowski*, Verdeckte technische Überwachungsmaßnahmen im Polizei- und Strafverfahrensrecht., S. 31 ff.

[51] *Hartmann*, in: Dölling/Duttge/König et al., Gesamtes Strafrecht, § 100d StPO Rn. 4.

[52] Die FDGO bezeichnet die obersten Grundwerte der Demokratie in Deutschland; sie beschreibt die unabänderliche Kernstruktur des Gemeinwesens; vgl. *v. Coelln*, in: MSKB BVerfGG § 46 Rn. 13-16.

[53] *BGH*, Urteil v. 22.02.1978 – 2 StR 334/77 – BGHSt 27, 355, 357; *BGH*, Urteil v. 16.03.1983 – 2 StR 775/82 – BGHSt 31, 296, 298.

Art. 2 Abs. 1 i.V.m. 1 Abs. 1 GG zu qualifizieren.[54] In Betracht kommt die letzt-
genannte Fallkonstellation insbesondere beim Einsatz von V-Personen[55]
oder verdeckten Mitarbeitern von Nachrichtendiensten oder Strafverfol-
gungs-/Gefahrenabwehrbehörden.

In einem Rechtsstaat stets problematisch ist, dass die abstrakte Möglichkeit
einer TKÜ zuweilen auch bei unbescholtenen Bürgern ein Unsicherheitsge-
fühl hervorrufen kann, da grundsätzlich niemand gewiss sein kann, nicht
durch die Sicherheitsbehörden überwacht zu werden.[56] Insbesondere im
nachrichtendienstlichen Bereich, in geringerem Maße jedoch auch bei strafprozessualen Ermittlungen, genügen bisweilen geringe Kontakte zu einer unter Beobachtung stehenden Einzelperson oder Gruppierung, um als Mitbetroffener bei einer TKÜ erfasst zu werden.

Die Beteiligten bei einer TKÜ-Maßnahme sind grundsätzlich der Beschuldigte, wenn sich die Maßnahme gegen ihn richtet[57] sowie der Inhaber eines
überwachten Anschlusses, vorbehaltlich einer tatsächlichen Nutzung des Anschlusses.[58] Ferner sind alle Angerufenen und Anrufer (Mitbetroffene) betei-
ligt, wenn durch die Anordnung oder Durchführung der TKÜ-Maßnahme in
ihre Rechte aus Art. 10 GG eingegriffen wurde. Dies gilt auch, wenn das Gespräch nicht entscheidungserheblich war.[59] Diese Personen sind grundsätzlich nach der Beendigung der TKÜ zu benachrichtigen (vgl. § 101 Abs. 4 Nr.
StPO sowie § 12 Abs. 1 S. 1 G10[60]). Auch geschäftliche Kontakte unterliegen

---

[54] *BVerfG*, Beschluss v. 09.10.2002 – 1 BvR 1611/96, 1 BvR 805/98 = NJW 02, 3619, 3621;
BVerfG, Urteil v. 27.02.2008 – 1 BvR 370/07, 1 BvR 595/07 – NJW 08, 822, 825, 835 Rn 293.

[55] V-Personen sind ständige Informanten der Polizei, des Zolls oder der Nachrichtendienste, welche dem jeweiligen Milieu entstammen. Anders als verdeckte Ermittler, die mit einer Legende als Zivilpersonen auftreten, sind V-Personen keine Beamten der Sicherheitsbehörden.

[56] *BVerfG*, Urteil v. 17.08.2005, 1 BvR 668/04 = NJW 2005, 2603.

[57] *Hauck*, in: Löwe/Rosenberg § 100a StPO Rn. 20 f.; *Bruns*, in: KK-StPO § 100a Rn. 3.

[58] *Hegmann*, in: BeckOK StPO, § 101 Rn. 13.

[59] *Bruns*, in: KK-StPO § 100a Rn. 3; *Hauck*, in: Löwe/Rosenberg § 100a StPO Rn. 20.

[60] Gesetz zur Beschränkung des Brief-, Post- und Fernmeldegeheimnisses (G10) v. 26.06.2001,
BGBl. I, 1254, zuletzt geändert durch Artikel 12 des Gesetzes v. 14.08.2017, BGBl. I, 3202.

dem Schutz des Art. 10 GG (vgl. hierzu Art. 19 Abs. 3 GG[61]), daher sind auch inländische juristische Personen zu unterrichten, wenn für diese durch einen Gesprächsteilnehmer gesprochen oder gehandelt wurde.[62] Diese Maßgabe gilt dessen ungeachtet nicht für ausländische juristische Personen.[63] TK-Unternehmen und vergleichbare Diensteanbieter, die ihren Nutzern TK-Dienste bereitstellen, sind keine Beteiligten und müssen folglich nicht benachrichtigt werden.[64] Als TK-Diensteanbieter ist zu klassifizieren, wer TK-Verbindungen zwischen Beteiligten herstellt, sonstige Hard- oder Software-Einrichtungen zur Abwicklung von Telekommunikation vorhält oder allgemein die Telekommunikation für andere verfügbar macht.[65]

Die Strafverfolgungs-/Gefahrenabwehrbehörden und Nachrichtendienste sind regelmäßig bei TKÜ-Maßnahmen auf die Mitwirkung von TK-Diensteanbietern angewiesen. Daher finden sich in den §§ 110 ff. TKG sowie der TKÜV[66] die gesetzlichen Grundlagen für die Verpflichtungen der Diensteanbieter zur Mitwirkung bei TKÜ-Maßnahmen. So trifft die Diensteanbieter insbesondere die Verpflichtung der technischen Einrichtung zur Umsetzung der TKÜ-Maßnahmen. Diese Einrichtungen sind auf eigenen Kosten bereitzustellen und zu erhalten.[67] Als Mitwirkungsverpflichtete sind die Dienstanbieter zur Verschwiegenheit verpflichtet (§ 15 TKÜV) und unterliegen einem strafbewehrten Mitteilungsverbot (§ 17 Abs. 1, § 18 G10). Auch die Prüfung des Vorliegens der rechtlichen Voraussetzungen der TKÜ sowie die Kenntnisnahme vom Inhalt der Telekommunikation ist für die Diensteanbieter nicht

---

[61] Art. 19 Abs. 3 GG: *Die Grundrechte gelten auch für inländische juristische Personen, soweit sie ihrem Wesen nach auf diese anwendbar sind.*

[62] *Durner*, in: Maunz/Dürig GG Art. 10 Rn. 22.

[63] *Jarass/Pieroth* GG Art. 10 Rn. 10; *Gusy*, in: *Mangoldt/Klein/Starck* GG Art. 10 Rn. 47.

[64] *Meyer-Goßner/Schmitt* StPO Rn. 9.

[65] *Graf*, in: BeckOK TKG StPO § 111 Rn. 3.

[66] Verordnung über die technische und organisatorische Umsetzung von Maßnahmen zur Überwachung der Telekommunikation (TKÜV) v. 11.07.2017, BGBl. I, 2317, zuletzt geändert durch Artikel 16 des Gesetzes v. 17. 08.2017, BGBl. I, 3202.

[67] *Holzner*, Die Online-Durchsuchung: Entwicklung eines neuen Grundrechts, S. 43.

statthaft.[68] Auf tiefgreifende rechtliche Konzeptionen der Umsetzungsbestimmungen des § 110 TKG und der TKÜV soll in dieser Masterarbeit indessen nicht näher eingegangen werden, da dies für die Beantwortung der Forschungsfrage nicht erforderlich ist.[69]

Wie bei allen staatlichen Handlungen ist auch bei TKÜ-Maßnahmen der Grundsatz der Verhältnismäßigkeit von besonderer Relevanz.[70] Dies gilt sowohl bei deren Erlass als auch während des gesamten Andauerns der Maßnahme.[71] Erweist sich zum Exempel der Grundrechtseingriff im Verhältnis zum Ergebnis der Überwachung oder zur Schuld des Beschuldigten als unverhältnismäßig, so ist diese unverzüglich zu beenden (vgl. § 100b Abs. 4 S. 1 StPO).[72] Insgesamt hat der Grundsatz der Verhältnismäßigkeit inzwischen Verfassungsrang erhalten.[73] Für die Beurteilung der Rechtmäßigkeit der Quellen-TKÜ und Online-Durchsuchung besitzt er daher eine herausragende Bedeutung und wird an späterer Stelle explizit erörtert.

Bereits angedeutet wurde, dass die herkömmliche TKÜ aufgrund vielzähliger informationstechnischer Veränderungen häufig nicht mehr zielführend und hinreichend effizient ist, da zunehmend verschlüsselte und/oder web-basierte Kommunikationsplattformen wie WhatsApp, Telegram, Threema oder Skype für die Individualkommunikation verwendet werden. Diese Messenger-Dienste und Plattformen erfreuen sich zunehmender Beliebtheit. So stieg etwa alleine die Anzahl der monatlich aktiven Nutzer von WhatsApp weltweit von ca. 200 Millionen im April 2013 auf weltweit 1.500 Millionen aktive Nutzer im Januar 2018.[74] Faktisch als Antagonist zu diesen Messenger-Diensten kann die klassische unverschlüsselte SMS angesehen werden, welche in

---

[68] *Knierim/Oehmichen*, in: Knierim/Oehmichen/Beck/Geisler, Gesamtes Strafrecht aktuell, Rn. 41.

[69] Vgl. hierzu *Graf*, in: BeckOK StPO TKG § 110; *Eckhardt*, in: Beck TKG § 110; *Löwnau*, in: Scheurle/Mayen TKG § 110; *Eckhardt*, in: Spindler/Schuster Elektronische Medien/TKG § 110.

[70] Vgl. *E. IV. 1. Verhältnismäßigkeit.*

[71] *Graf* in: BeckOK StPO § 100a Rn. 136.

[72] *Bruns* in: KK-StPO § 100a Rn. 35.

[73] *BVerfG*, Beschluss v. 13.05.1986 – 1 BvR 1542/84 = NJW 1986, 769.

[74] *Statista*, Dossier WhatsApp, S. 6.

Deutschland und weltweit stark rückgängig ist. Im Jahr 2015 wurden in Deutschland nur noch etwa 40 Millionen SMS täglich verschickt, während im gleichen Jahr approximativ 667 Millionen WhatsApp-Texte täglich versendet wurden.[75] Hierbei nicht einmal inbegriffen sind andere verschlüsselte Messenger-Dienste[76] sowie die Kommunikation, die über das Darknet[77] erfolgt. Klassische Telefonie und der E-Mail-Verkehr finden dagegen im Gros noch unverschlüsselt statt. Eine Chiffrierung der E-Mail-Korrespondenz durch die sogenannte PGP-Verschlüsselung, bei der zur anonymen Kommunikation jeder Nutzer zwei eindeutig zugeordnete Codeschlüsselpaare besitzt, nutzen bisher nur circa 16% der Deutschen.[78]

Die neuen Herausforderungen für die Sicherheitsbehörden ergeben sich indes nicht per se durch den technischen Wandel des Kommunikationsmediums. Die Überwachung des Datenverkehrs im Internet ist bereits seit längerer Zeit durch die Nachrichtendienste möglich und findet in der praktischen nachrichtendienstlichen Arbeit weltweit Anwendung.[79] Stattdessen stellt die einfache (und daher auch häufige) Verwendung von Verschlüsselungsmethoden bei der VoIP-Kommunikation die Sicherheitsbehörden, nicht nur in Deutschland, sondern weltweit, vor erhebliche Probleme.[80] Regelmäßig ist – wie etwa beim Messenger-Dienst WhatsApp – eine automatische Verschlüsselung („Peer-to-Peer-Verschlüsselung") bereits der Standard. Diese setzen die bisherigen technischen Möglichkeiten der TKÜ regelmäßig außer Kraft

---

[75] *VATM*, 17. TK-Marktanalyse Deutschland 2015, S. 30.

[76] Weltweit gibt es ungefähr 865 verschiedene Verschlüsselungsprodukte aus etwa 55 Länder (vgl. *Schneier/Seidel/Vijayakumar*, A Worldwide Survey of Encryption Products, Berkmann-Klein Center Research Publication).

[77] Anders als im „Clearnet" wird im Darknet eine Verbindung zwischen Teilnehmern nicht über „Peer-to-Peer-Netzwerke", sondern über ein „Peer-to-Peer-Overlay-Netzwerk" manuell hergestellt; „Overlay-Netze" werden dabei auf bereits bestehende Netze aufgesetzt, wodurch die Anonymität des Nutzers gewährleistet werden soll. Eine Überwachung im Darknet ist daher für die Sicherheitsbehörden deutlich schwieriger als im „Clearnet".

[78] *Heise*, Umfrage: Nur 16 Prozent der Deutschen verschlüsseln ihre E-Mails, Internetquelle.

[79] Vgl. hierzu nur die weitreichenden Enthüllungen des US-amerikanischen Whistleblowers Edward Snowden.

[80] *Comey*, Going Dark: Are Technology, Privacy, and Public Safety on a Collision Course, Internetquelle.

oder setzen diesen zumindest enge Grenzen. Es darf vereinfacht von der Funktion ausgegangen werden, dass bei zunehmender IP-basierter Kommunikation, die Auswertbarkeit respektive Verwertbarkeit einer TKÜ-Maßnahme entsprechend sinkt.[81]

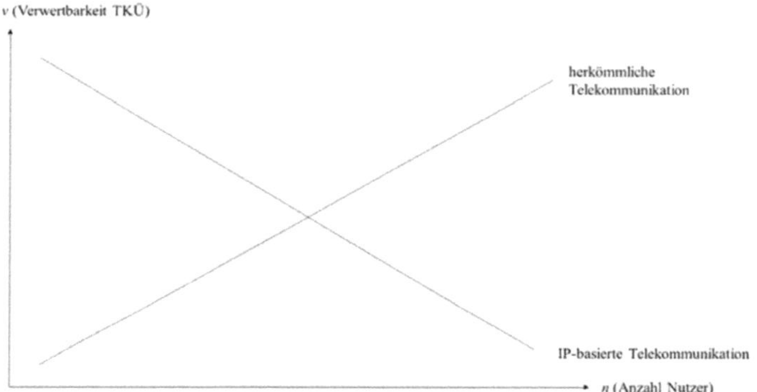

Abbildung 1: Eigene Darstellung, 2018

Aufgrund dieser radikalen Änderung im Bereich der Telekommunikation gilt es, das technische Instrumentarium der Sicherheitsbehörden adäquat anzupassen. Im gegensätzlichen Fall träte die Befürchtung des Bundesministers des Inneren a.D. Thomas de Maizière ein – annähernd rechtsfreie Räume entstünden, welche zur Gefahr für Leib, Leben und Freiheit ihrer Bürger werden können oder aber aufgrund extremistischer oder terroristischer Aktivitäten den Bestand oder die Sicherheit des Bundes oder eines Landes gefährdeten. Es vermag zunächst paradox klingen, aber kann die Freiheit jedes Einzelnen vielleicht tatsächlich durch eine invasivere staatliche Überwachung gesichert werden?

Nur wenige Sachverhalte spalten Politiker, Datenschützer, Juristen, Philosophen, Soziologen und interessierte Bürger so stark und ostentativ in strikt voneinander getrennte Lager. Daher erscheint es als dringend geboten, eine neutrale Sichtweise auf die Thematik zu werfen, um so bestehende Probleme

---

[81] *Dathe*, Schriftliche Stellungnahme zur öffentlichen Anhörung im Ausschuss für Inneres am 30.09.2009, S. 7 ff.

zu erkennen oder diese zumindest antizipieren zu können und gleichzeitig ein (juristisches) Lösungsmodell präsentieren zu können.

Trotz teils erheblicher Bedenken und vielerlei Kritik verschiedener gesellschaftlicher Akteure[82] wurde auf das Problem der zunehmend unzureichender werdenden Verwertbarkeit der TKÜ-Ergebnisse mit der Implementation der Quellen-TKÜ und Online-Durchsuchung als opportune Instrumente in der deutschen Sicherheitsarchitektur reagiert. Diese sollen im Folgeschritt zunächst differenziert und unter Berücksichtigung ihrer technischen und juristischen Unterschiede erörtert werden.

II.2 Quellen-Telekommunikationsüberwachung

Nachdem zunächst auf die allgemeinen rechtlichen und technischen Aspekte der herkömmlichen TKÜ eingegangen worden ist und die zunehmenden Schwierigkeiten bei ihrer Verwertbarkeit problematisiert wurden, gilt es nun, die Quellen-TKÜ näher zu untersuchen.

Die Quellen-TKÜ bezeichnet die Aufzeichnung von (verschlüsselter) VoIP-Telekommunikation unter Verwendung einer speziellen staatlichen Spionagesoftware.[83] Die Kommunikationsdaten des Betroffenen können hierbei entweder vor der Verschlüsselung oder nach der Entschlüsselung direkt vom informationstechnischen Gerät des Betroffenen (und nicht im TK-Netz) erfasst werden.[84] Bei einer Überwachung des Kommunikationssenders, erfolgt die Erfassung der Kommunikation also vor der tatsächlichen Übermittlung; wird indes der Kommunikationsempfänger überwacht, so erfolgt der Zugriff erst, wenn bei der Speicherung auf dem Endgerät - also nach Abschluss der Kommunikationsvorganges - die Nachricht wieder dekryptiert wurde.[85]

Durch diese Vorgehensweise kann die Chiffrierung der Telekommunikation wirksam umgangen werden. Das nachfolgende Schaubild soll dies veranschaulichen:

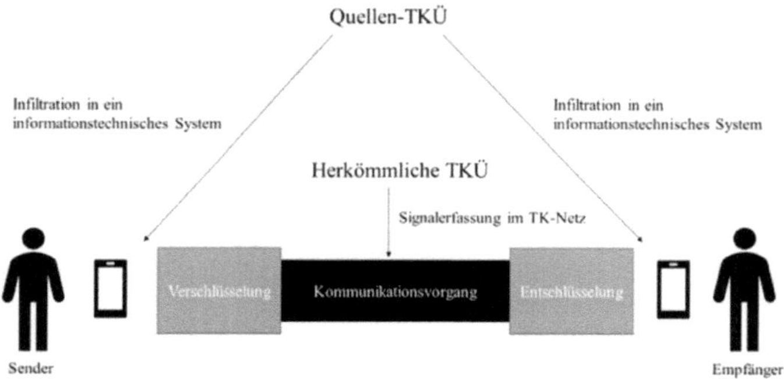

Abbildung 2: Eigene Darstellung, 2018

Die technische Realisierung der Quellen-TKÜ kann zunächst mittels sogenannter „Key-Logger"[86] erfolgen. Durch „Key-Logger" können sämtliche Eingaben auf einem Endgerät protokolliert, überwacht und gegebenenfalls auch rekonstruiert werden.[87] Diese „Key-Logger" sind von Trojanern zu differenzieren. Während Trojaner den Inhalt eines Speichermediums erfassen, zeichnen „Key-Logger" nur die Tastaturanschläge des Betroffenen auf. „Key-Logger" zielen also - anders als Trojaner - nicht auf den Speicherinhalt, sondern auf die Tastatureingabe ab. Bei den technischen Gesichtspunkten besteht indes kein nennenswerter Unterschied.[88]

Problematisch ist hierbei zunächst, dass Strafverfolgungs-/Gefahrenabwehrbehörden und Nachrichtendienste im Falle der Quellen-TKÜ vor und/oder nach dem Abschluss des Kommunikationsvorgangs invasiv auf ein oder mehrere informationstechnische Geräte einwirken, obgleich die gewöhnliche TKÜ bisher nur den reinen Kommunikationsvorgang im TK-Netz erfassen

---

[86] Dt.: „Tasten-Protokollierer".

[87] *Holz/Engelberth/Freiling*, Learning More About the Underground Economy: A Case-Study of Keyloggers and Dropzones, S. 3 f.

[88] *Hansen/Pfitzmann*, in: Roggan, Online Durchsuchungen, Rechtliche und tatsächliche Konsequenzen des BVerfG-Urteils vom 27. Februar 2008, S. 131 (137).

durfte. Folglich wird also auch weniger ein Risiko in der Kommunikations-
sphäre, sondern vielmehr ein allgemeines informationstechnisches Risiko
geschaffen.[89]

Neben „Key-Loggern" ist die Anfertigung von „Screenshots" oder „Applicationshots" durch die Sicherheitsbehörden eine weitere sachdienliche Möglichkeit, um die Quellen-TKÜ zu realisieren. „Screenshots" lichten den gesamten Bildschirm eines informationstechnischen Systems ab; sie fertigen
faktisch also eine identische Bildaufnahme dessen ab, was auch der Be-
troffene in seinem informationstechnischen Gerät zum Zeitpunkt der Aufnahme sieht. „Applicationshots" hingegen fertigen ausschließlich eine Aufnahme von einer bestimmten Programmanwendung (z. B. E-Mail oder
Messenger-Dienst) an, wobei etwaig andere verwendete Anwendungen
(exemplarisch können hier private Fotos, Word-, PowerPoint- oder Excel-Da-
teien genannt werden) nicht mit abgebildet werden.[90] Quellen-TKÜ-Anord-
nungen wurden okkasionell mit der Maßgabe getroffen, dass im Falle einer
geöffneten Internetbrowser- oder Skype-Anwendung alle 30 Sekunden ein
Bild gefertigt werden sollte.[91] In den Jahren 2009 und 2010 gab es insgesamt
vier Anordnungen zur Anfertigung von „Applicationshots". Dabei wurden jeweils zwischen approximativ 11.700 und 60.000 Aufnahmen erstellt.[92] Reli-
able Daten für die Folgejahre sind dahingegen nicht öffentlich einsehbar.

Sowohl „Key-Logger" als auch „Screenshots" und „Applicationshots" haben
als technische Neuerung von der herkömmlichen TKÜ hin zur Quellen-TKÜ
den erforderlichen Vorteil, dass die Kommunikation des Betroffenen bereits
im Stadium des Schreibens, also vor dem Absenden oder aber nach deren De-
chiffrierung erfasst werden kann, dies führt dazu, dass grundsätzlich sämtliche Anonymisierungsmaßnahmen durch die Sicherheitsbehörden

---

[89] *Hoffmann-Riem*, JZ 2008, 1012 (1017).

[90] *Schwabenhauer*, Heimliche Grundrechtseingriffe, S. 70.

[91] *Bundesbeauftragter für den Datenschutz und die Informationsfreiheit*, Quellen-TKÜ-Bericht, S.
11.

[92] BAYLT-Drs. 16/8125, S. 1 f; BAYLT-Drs. 16/8747, S. 1 f.; BAYLT-Drs. 16/10470, S. 4 ff.

ausgehebelt werden können. Dies gilt gleichermaßen für kryptierte Messenger-Dienste wie auch für die Kommunikation über das Darknet.[93]

Alle technischen Maßnahmen zur Umsetzung der Quellen-TKÜ, insbesondere aber die Möglichkeit der Anfertigung von „Screenshots", werden insbesondere von Teilen der Medien und Bürgerrechtlern kritisch gesehen.[94] Trotzdem wird bereits seit längerer Zeit die Quellen-TKÜ als bevorzugter Lösungsansatz von den zur TKÜ berechtigten Behörden angepriesen[95] und auch in der Rechtswissenschaft herrscht weitgehend Einigkeit darüber, dass die Quellen-TKÜ als grundsätzlich rechtskonform zu beurteilen ist.[96] Hierbei wird regelmäßig impliziert, dass der Telekommunikationsbegriff gleichwohl den Datenverkehr in Computernetzen erfasst.[97] Exemplifiziert kann geschlussfolgert werden, dass es irrelevant ist, ob ein Skype-Gespräch etwa über ein Smartphone, Tablet, Notebook oder ein anderes informationstechnisches Gerät geführt wird; in jedem dieser Fälle kann das informationstechnische System durch die Behörden potenziell überwacht werden. Vorherrschende Lücken bei der strafprozessualen und nachrichtendienstlichen TKÜ können sonach durch die Quellen-TKÜ geschlossen werden.

II.3 Online-Durchsuchung

Während die Quellen-TKÜ als Ermittlungsmaßnahme grundsätzlich noch relativ eng an die herkömmliche TKÜ angelehnt ist und sich insbesondere bei ihrer technischen Umsetzung mit „Key-Loggern" und „Applicationsshots" im Wesentlichen auf die laufende Kommunikation beschränkt, ist die Online-Durchsuchung faktisch ein echtes Novum als Instrument in der deutschen Sicherheitsarchitektur; dies gilt nicht zuletzt, da für längere Zeit diese

---

[93] *Moßbrucker*, in: APuZ 46-47/2017, Netz der Dissidenten, S. 20.

[94] Vgl. *F. III. 1. Quellen-Telekommunikationsüberwachung.*

[95] *Gercke*, in: Taeger/Wiebe (Hrsg.), Inside the Cloud – Neue Herausforderungen für das Informationsrecht, S. 500 (504).

[96] Zur ausführlichen Diskussion vgl. *F. III. 1. Quellen-Telekommunikationsüberwachung.*

[97] *Gercke*, in: Roggan/Kutscha (Hrsg.), Handbuch zum Recht der Inneren Sicherheit, S. 146 ff.

Maßnahme sowohl von der Rechtsprechung wie auch von Teilen der Literatur als gänzlich unzulässig angesehen wurde.[98]

Die Besonderheit der Online-Durchsuchung ist, dass durch eine Infiltration in ein informationstechnisches System der gesamte Datenbestand (z. B. Bilder, Videos, Dokumente oder Memos) eines Endgerätes durch die Sicherheitsbehörden erfasst werden kann, ohne dass hierfür - wie bei einer TKÜ - eine Kommunikationsverbindung zwischen zwei Endpunkten existieren muss. Es kann ferner festgehalten werden, dass bei einer TKÜ nur aktive Kommunikationsvorgänge („lebende, sich bewegende Daten") erfasst werden, während bei einer Online-Durchsuchung sämtliche gespeicherte Daten eines Mediums (also auch „tote und starre Daten") ausgelesen werden können.[99] Hier wird auch die Problematik der Online-Durchsuchung im direkten Vergleich zur (Quellen-)TKÜ evident. Aufgrund der Vielfältigkeit und Diversität der gespeicherten Daten des Betroffenen kann potenziell ein Gesamtbild sowie ein (unzulässiges) Persönlichkeitsprofil ohne Wissen des Betroffenen durch die Behörden erstellt werden.[100] Neben der Anwendung eines „Key-Loggers", also der Ausleitung von Tastatureingaben analog der Quellen-TKÜ, umfassen die Funktionalitäten der Online-Durchsuchung die Möglichkeit (1.) allgemeinen Zugriff auf den lokalen Speicher des Endgerätes, (2.) der expliziten Suche nach bestimmten Dateien im Zielsystem sowie (3.) der Ausleitung einzelner gespeicherter Dateien durch einen Trojaner zu erwirken.[101] Hierbei muss konstatiert werden, dass sich ein Einsatz derartiger Trojaner als nochmals invasiver als die Quellen-TKÜ darstellt. Während im analogen Zeitalter in aller Regel nur Telefongespräche abgehört und aufgezeichnet wurden und auch die umstrittene Quellen-TKÜ grundsätzlich nur die laufende Telekommunikation aufzeichnet, ist bei der Online-Durchsuchung ein

---

[98] *Sonoch*, BGHSt 51, 21; *Meyer-Goßner/Schmitt*, StPO, § 100a Rn. 7.

[99] *Dathe*, Schriftliche Stellungnahme zur öffentlichen Anhörung im Ausschuss für Inneres am 30.09.2009, S. 10.

[100] *Singelnstein*, Hacken zur Strafverfolgung? Gefahren und Grenzen der strafprozessualen Online-Durchsuchung, Internetquelle.

[101] *Dathe*, Schriftliche Stellungnahme zur öffentlichen Anhörung im Ausschuss für Inneres am 30.09.2009, S. 10 f.

deutlich stärkerer Eingriff in die Grundrechte des Einzelnen feststellbar, da hier keine Beschränkung der Überwachungsmaßnahmen auf die laufende Telekommunikation des Betroffenen vorliegt, sondern das gesamte informationstechnische System mit allen gespeicherten Daten durchsucht werden kann.[102] Hierbei werden regelmäßig auch private und den Kernbereich privater Lebensgestaltung[103] betreffende Informationen den Strafverfolgungsbehörden und Nachrichtendiensten ersichtlich.

Es drängt sich zunächst der Eindruck auf, dass Online-Durchsuchungen – zumindest, wenn diese in ortsfesten informationstechnischen Systemen stattfinden – als ein Eingriff in Art. 13 GG (Unverletzlichkeit der Wohnung) zu klassifizieren sind. Voraussetzung dafür ist, dass durch die Sicherheitsbehörden räumliche Barrieren überwunden werden.[104] Dies ist bei der Online-Durchsuchung regelmäßig nicht der Fall. Das Grundrecht auf die Unverletzlichkeit der Wohnung wird somit durch die Maßnahme nicht verletzt.[105] Ein Ausnahmefall dessen liegt jedoch vor, wenn der Trojaner durch Mitarbeiter der Sicherheitsbehörden direkt vor Ort auf dem informationstechnischen System aufgespielt wird.

Wird durch die Online-Durchsuchung ausschließlich die laufende Kommunikation überwacht, besteht unstrittig ein Eingriff in Art. 10 GG.[106] Wenn die Daten ursprünglich aus Kommunikationsprozessen stammen, kann im Rahmen einer Verhältnismäßigkeitsprüfung ein ergänzender Schutz von Art. 10 GG berücksichtigt werden, welcher durchaus „nachwirken" kann.[107] In Fällen der Informationsgewinnung von nicht-laufender Kommunikation (allgemeiner Zugriff auf den lokalen Speicher, Dateiensuche sowie die Ausleistung gespeicherter Dateien) durch die Online-Durchsuchung kann liegt ein Eingriff in Art. 10 GG nicht oder nur bedingt vor. In jedem Fall aber liegt ein Eingriff

---

[102] *Moßbrucker*, in: APuZ 46-47/2017, Netz der Dissidenten, S. 21.

[103] Vgl. *E. IV. 2. Kernbereich privater Lebensgestaltung*.

[104] *Kühne*, in: Sachs, GG Art. 13 Rn. 21-22a.

[105] *Sokol*, in: Michalke/Köberer/Pauly J. et al. (Hrsg.), FS Rainer Hamm, S. 719 (732).

[106] BVerfGE 115, 166 (187).

[107] BVerfGE 115, 166 (183).

in das Recht auf die informationelle Selbstbestimmung (Art. 2 Abs. 1 i.V.m. Art. 1 Abs. 1 GG) vor.[108]

Es konnte festgestellt werden, dass die Online-Durchsuchung eine hoch invasive Maßnahme darstellt und sowohl technisch als auch juristisch mit der herkömmlichen TKÜ nur bedingt verglichen werden kann. Ob und in welchem Umfang die Online-Durchsuchung grundrechtskonform ist und wie deren praktische Ausgestaltung in der deutschen Sicherheitsarchitektur gelagert ist, soll im weiteren Verlauf des Forschungsganges beantwortet werden. Zunächst gilt es jedoch, als weitere Basis für den Forschungsgang einen allgemeinen Überblick über die Entwicklung und Struktur der TKÜ in Deutschland zu gewinnen.

---

[108] *Sokol*, in: Michalke/Köberer/Pauly J. et al. (Hrsg.), FS Rainer Hamm, S. 719 (732).

III. Entwicklung und Struktur der Telekommunikations-überwachung in Deutschland

Im Folgenden soll die Entwicklung sowie die Struktur der allgemeinen TKÜ in Deutschland skizziert werden, um so die Einordnung der Quellen-TKÜ und Online-Durchsuchung in die deutsche Sicherheitsarchitektur hinsichtlich ihrer TKÜ-Instrumentarien zu erleichtern.

Die ursprüngliche Rechtsgrundlage für die (früher als Fernmeldeüberwachung bezeichnete) repressive TKÜ war bis Ende 2001 § 12 FAG[109]. Diese Grundlage sah allerdings nur vergleichsweise geringe Voraussetzungen für eine Überwachung durch Ermittlungsbehörden vor und wurde daher zunehmend kritisch gesehen, so dass vermehrt Reformen von Politikern und Rechtsgelehrten gefordert wurden.[110] Die Kritiker forderten annährend einhellig, dass Maßnahmen zur Überwachung der Telekommunikation Einzug in die StPO erhalten sollten und dass das FAG bis zum 31.12.1997 außer Kraft treten sollte.[111] Der ursprüngliche Entwurf zur Novellierung der StPO fand indessen aufgrund diverser Mängel keine hinreichende Zustimmung.[112] Erstmals in die StPO eingeführt wurde die repressive TKÜ daher erst durch das Gesetz zur Änderung der StPO vom 20. 12.2 001[113].

Bis zur Einführung des Gesetzes zur Beschränkung des Brief-, Post und Fernmeldegeheimnis (G10) am 13. 08. 1968[114] war die TKÜ ausschließlich den Strafverfolgungsbehörden zu repressiven Zwecken, also ausschließlich zur nachträglichen Aufklärung von Straftaten vorbehalten[115]. Erst mit dem G10 wurden die Verfassungsschutzbehörden und der MAD zur präventiven TKÜ

---

[109] Fernmeldeanlagengesetz (FAG) v. 14.01.1928, RGBl. I, 8.

[110] Vgl. *Königshofen*, Archiv PT 1994, 39 (48); *Ehmer*, in: Beck TKG, § 88 Rn. 19.

[111] Vgl. *Hansen-Oest*, in: Schmidt/Königshofen/Zwach, § 85 TKG, Rn. 37; *Ehmer*, in: Beck TKG, § 88 Rn. 19.

[112] Vgl. BT-Drs. 13/8016, S. 38 ff; Vgl. auch *Loewer*, in: v. Münch/Kunig (Hrsg.), Art. 10 GG Rn. 41.

[113] Gesetz zur Änderung der Strafprozessordnung (StPO) v. 20.12.2001, BGBl. I, 3879.

[114] Gesetz zur Beschränkung des Brief-, Post- und Fernmeldegeheimnisses (G10) v. 13.08.1968, BGBl. I, 949.

[115] Ausschließlich die strategische Aufklärung der Bundeswehr und des BND überwacht seit Langem die Telekommunikation (im Ausland) ohne Hinweise auf vorher begangene Straftat.

ermächtigt. TKÜ zum Zwecke der Gefahrenabwehr bis dahin als legitimes Ziel noch nicht anerkannt.[116] Noch bis in das Jahr 2005 war die präventive TKÜ ausschließlich den Nachrichtendiensten vorbehalten. Erst danach wurde die präventiv-polizeiliche TKÜ in die Landespolizeigesetze von sechs deutschen Bundesländern aufgenommen.[117]

Im repressiven Bereich dient die TKÜ als Ermittlungsmaßnahme der Strafverfolgungsbehörden zur Aufklärung von bereits begangenen Straftaten. Zum allgemeinen Zweck hat die TKÜ an erster Stelle folglich die Strafverfolgung respektive die generelle Strafrechtspflege.[118] Ferner sollen im präventiven Bereich drohende Gefahren durch die Gefahrenabwehrbehörden und Nachrichtendienste frühzeitig erkannt und abgewehrt werden.

In der Bundesrepublik Deutschland unterhielten zunächst die 38 Sicherheitsbehörden[119] bis in das Jahr 2008 annährend 80 Anlagen zur TKÜ.[120] Problematisch war hierbei, dass diese zumindest teilweise nicht miteinander kompatibel waren.[121] Zur Harmonisierung und Bündelung dieser offensichtlich ungünstigen TKÜ-Landschaft plante das Bundesministerium des Inneren (BMI) ab dem Jahr 2008 die räumliche und organisatorische Zusammenarbeit der zuständigen Bundesbehörden.[122] Die Umsetzung der Planungen erfolgte bereits im Jahr 2009 durch das Kompetenzzentrum-TKÜ (CC-TKÜ) und das Servicezentrum-TKÜ (SC-TKÜ).[123] Während das CC-TKÜ als Bündelungszentrum für die Konzeptions-, Planungs- und Forschungsaktivitäten fungiert, ist das SC-TKÜ als reiner IT-Dienstleister im Bereich der TKÜ tätig.[124] Das CC-TKÜ und SC-TKÜ wurden zusammen als Zentralstelle für Kommunikations-

---

[116] *Bock* in: Beck TKG § 88 Rn 38.

[117] Namentlich waren dies die Polizeigesetze in den Bundesländern Bayern, Thüringen, Niedersachsen, Hessen, Rheinland-Pfalz und Mecklenburg-Vorpommern; zur heutigen Situation vgl. *D. I. 2. Landeskriminalämter.*

[118] *Schäfer*, Präventive Telekommunikationsüberwachung, S. 11.

[119] Darunter fallen die 16 LKÄ und 16 LfV, BKA, BfV, ZKA, MAD, BND sowie die Bundespolizei.

[120] BT-Drs. 16/10137, S. 1.

[121] Ebd.

[122] BT-WD 3 - 3000 - 395/0, Bündelung der Telekommunikationsüberwachung, S. 4.

[123] BT-Drs. 18/9186, S. 1.

[124] BT-Drs. 16/10137, S. 1 f.

technologien (ZSK) beim Bundesverwaltungsamt (BVA) an den Standorten Köln und Berlin angesiedelt.[125] Das BVA untersteht dabei als Bundesoberbehörde der Fachaufsicht des BMI.[126] Jedoch rüstet nicht nur der Staat im Bereich der TKÜ auf, auch die Art der Telekommunikation von Extremisten, Terroristen und anderen Straftätern entwickelt sich durch umfassende Verschlüsselungstechnologien weiter und nimmt im Allgemeinem stark zu, konstatierte das BMI im Jahr 2017.[127] Nicht verwunderlich ist daher die Intention der Bundesregierung weitere hoch technologisierte technische Werkzeuge für die Sicherheitsbehörden zu entwickeln. Daher wurde im Geschäftsbereich des BMI die Zentrale Stelle für Informationstechnik im Sicherheitsbereich (ZITiS) im April 2017 in München errichtet, für die bis zum Jahr 2022 400 Planstellen geplant sind.[128] ZITiS ist dabei auch ein Teil der aktuellen Cyber-Sicherheitsstrategie[129] für die Bundesrepublik Deutschland.[130] Allerdings soll die Behörde als reine Forschungs- und Entwicklungsstelle betrieben werden; sämtliche Befugnisse für die operative Anwendung der TKÜ verbleiben weiterhin bei den jeweiligen Sicherheitsbehörden.[131] Trotzdem wurde die Errichtung - häufig aus Sorge vor einem „Überwachungsstaat" - teilweise scharf kritisiert. Zu den Hauptkritikern zählten neben der Bürgerrechtsorganisation „Reporter ohne Grenzen" auch die Fraktionen Bündnis 90/Die Grünen und Die Linke.[132] ZITiS besitzt im Wesentlichen die vier Arbeitsfelder „Digitale Forensik", „Kryptoanalyse", „Big Data-Analyse" und „TKÜ". Im Bereich der digitalen Forensik sollen neue softwaretechnische

---

[125] *Weise*, Informationsoperationen weltweit: Die Nachrichtendienste und ihre Fähigkeiten zur globalen Kommunikationsüberwachung, digitalen Datenerfassung und elektronischen Kriegsführung, S. 83 ff.

[126] *Bundesministerium des Inneren*, Bundesverwaltungsamt, Internetquelle.

[127] *Bundesministerium des Inneren*, Startschuss für ZITiS, Internetquelle.

[128] Ebd.

[129] Die Cyber-Sicherheitsstrategie bildet den ressortübergreifenden strategischen Rahmen für die Aktivitäten der Bundesregierung mit Bezügen zur Cyber-Sicherheit (*Bundesministerium des Inneren*, Cyber-Sicherheitsstrategie, Internetquelle).

[130] *Bundesministerium des Inneren*, Cyber-Sicherheitsstrategie für Deutschland 2016, S. 32.

[131] *Kuntz*, ZD-Aktuell 2017, 05466.

[132] *Redaktion MMR-Aktuell*, MMR-Aktuell 2017, 386765; *Göttinger Tageblatt*, Grüne wollen Zitis verhindern, Internetquelle.

Methoden und Hardwarelösungen erforscht und entwickelt werden, um so digitale Asservate zu sichern. Zudem soll die Kryptoanalyse durch die Bündelung wissenschaftlicher und technischer Expertise für den Umgang mit verschlüsselten Daten verbessert werden. Durch die eigene Entwicklung besonderer Methoden im Umgang mit großen Datenmengen soll die Big Data-Analyse der Sicherheitsbehörden verbessert werden. Final sollen neue Methoden und Strategien zur nachhaltigen Sicherung der TKÜ-Fähigkeiten durch ZITiS erforscht, entwickelt und final den Sicherheitsbehörden im Geschäftsbereich des BMI[133] bereitgestellt werden.[134] Obzwar keine hinreichend seriösen Quellen diesbezüglich ersichtlich sind, darf aufgrund des geschilderten Aufgabengebietes davon ausgegangen werden, dass in Zukunft die „Staatstrojaner" für die Quellen-TKÜ und Online-Durchsuchung durch ZITiS erforscht und entwickelt werden. Diese Annahme kann auch auf einen Medienbericht gestützt werden.[135]

Es kann im Zwischenergebnis festgehalten werden, dass sich die Entwicklung und Struktur der TKÜ als Bestandteil der deutschen Sicherheitsarchitektur in der Vergangenheit als durchaus flexibel erwiesen hat, indem sie sich auch an gesellschaftliche und informationstechnische Veränderungen anzupassen wusste. Die staatseigene Entwicklung von Trojanern, um weiterhin eine wirkungsvolle TKÜ sicherzustellen, erscheint hinsichtlich der veränderten objektiven Gefährdungslage und des subjektiven Sicherheitsempfindens im Bereich der inneren Sicherheit sowie aufgrund veränderter technischer Umstände als grundsätzlich folgerichtig und begrüßenswert. Kritik könnte bei der aktuellen Entwicklung hin zur Quellen-TKÜ und Online-Durchsuchung jedoch insofern geäußert werden, dass die wachsende Sorge der Bevölkerung vor Kriminalität und Terrorismus diesfällig ausgenutzt werden könnte, um unverhältnismäßig invasive TKÜ-Maßnahmen in die sicherheitsrechtlich relevanten Gesetze implementieren zu können. Damit dies differenziert beurteilt werden kann, müssen vorab allerdings die Anwender der Quellen-TKÜ und Online-Durchsuchung in ihrem Aufgabenbereich und ihren

---

[133] Dies sind das BKA, das BfV und die Bundespolizei.
[134] *Zentrale Stelle für Hardformationstechnik im Sicherheitsbereich*, Arbeitsfelder, <u>Internetquelle</u>.
[135] *Golem*, Zitis soll von München aus Whatsapp knacken, <u>Internetquelle</u>.

Befugnissen nuanciert betrachtet werden, da dies nicht unerhebliche Auswirkungen auf die finale Beurteilung der individuellen Zulässigkeit der Quellen-TKÜ und Online-Durchsuchung hat.

IV. Anwender der Quellen-Telekommunikationsüberwachung und Online-Durchsuchung

Die Quellen-TKÜ und Online-Durchsuchung wird sowohl von Strafverfolgungs-/ Gefahrenabwehrbehörden als auch von Nachrichtendiensten angewendet. Diese sich ergänzenden Sicherheitsbehörden gilt es dezidiert mit ihren jeweiligen Rechtsgrundlagen voneinander abzugrenzen, um so Rückschlüsse auf die individuelle Zulässigkeit der Quellen-TKÜ und Online-Durchsuchung ziehen zu können.

Damit die Anwender dieser Überwachungsmaßnahmen differenziert beurteilt werden können, gilt es zunächst das allgemeine System der Sicherheitsbehörden in der Bundesrepublik Deutschland inklusive ihrer geschichtlichen Grundzüge kurz und kompendiös zu beleuchten. Im Wesentlichen kennzeichnend für die innere Sicherheitspolitik der Bundesrepublik Deutschland ist vorwiegend das Trennungsgebot zwischen Polizei und Nachrichtendiensten. Dieser Grundsatz besagt, dass den Nachrichtendiensten keine Exekutivbefugnisse und spiegelbildlich der Polizei keine nachrichtendienstlichen Befugnisse zustehen.[136] Das Trennungsgebot soll einerseits eine politische Polizei vergleichbar der Geheimen Staatspolizei im nationalsozialistischen Deutschland verhindern, insbesondere aber auch der abstrakten Gefahr eines übermächtigen „Überwachungsstaates" vorbeugen.[137] Den Ausgangspunkt für das Trennungsgebot bildet der sogenannte Polizei-Brief[138] von 1949. In diesem wird dem Parlamentarischen Rat durch die Alliierten Militärgouverneure die Ermächtigung erteilt, einen Nachrichtendienst im Grundgesetz zu verankern (Nummer 2 des Polizei-Briefes). Ferner wird der Bundesregierung die Möglichkeit gewährt, Bundespolizeibehörden für gesondert aufgeführte Materien zu errichten (Nummer 1 des Polizei-Briefes). Hierzu zählen die Überwachung des Personen- und Güterverkehrs bei der Überschreitung der

---

[136] *Roth*, in Schenke/Graulich/Ruthig, BVerfSchG § 8 Rn. 47-51.

[137] *Nehm*, NJW 2004, 3289 (3295); Anm.: Unter anderem aufgrund dieses Trennungsgebotes wird über die Novellierung des BayPAG gegenwärtig hoch disputabel debattiert, da das novellierte BayPAG der Bayerischen Polizei teils nachrichtendienstlich anmutende Befugnisse einräumt.

[138] Abgedruckt in *Zöller*, Informationssysteme und Vorfeldmaßnahmen von Polizei, Staatsanwaltschaft und Nachrichtendiensten, S. 313 f.

Bundesgrenzen (Nummer 1 lit. a Polizei-Brief; Bundesgrenzschutz, also die heutige Bundespolizei), die Sammlung und Verbreitung von polizeilichen Auskünften und Statistiken (Nummer 1 lit. b Polizei-Brief; also das BKA mit seiner Zentralstellenfunktion) sowie die Koordinierung bei der Untersuchung von Verletzungen der Bundesgesetze und die Erfüllung internationaler Verpflichtungen hinsichtlich der Rauschgiftkontrolle und des internationalen Reiseverkehrs (Nummer 1 lit. c Polizei-Brief; hiermit wurde insbesondere die Legitimation für die Zollverwaltung geschaffen).

Die legislative Umsetzung des Polizei-Briefes erfolgte durch den Parlamentarischen Rat mit Art. 73 Nr. 10 GG, wodurch dem Bund die ausschließliche Gesetzgebungskompetenz über die Zusammenarbeit des Bundes und der Länder in Angelegenheit der Kriminalpolizei (BKAG) wie auch des Verfassungsschutzes (BVerfSchG) zugestanden wird sowie mit Art. 87 Abs. 1 S. 2 GG, der es dem Bund ermöglicht, Zentralstellen für das polizeiliche Auskunfts- und Nachrichtenwesen und für kriminalpolizeiliche Angelegenheiten (BKA) sowie zur Sammlung von Unterlagen für den Verfassungsschutz (BfV) zu errichten.[139]

Die Strafverfolgungs-/Gefahrenabwehrbehörden und Nachrichtendienste haben grundsätzlich unterschiedliche Aufgabenbereiche und Arbeitsweisen. Das Trennungsgebot bedeutet gleichwohl, dass die Verfassungsschutzämter nicht gezwungen sind, ihre offene oder geheime Informationsbeschaffung und operative Auswertung aufgrund eines weiteren Ermittlungsverfahrens einzustellen. In Ermangelung polizeilicher Exekutivbefugnisse (§ 8 Abs. 3 BVerfSchG, § 4 Abs. 2 MADG[140], § 2 Abs. 3 BNDG[141]) sind die deutschen Nachrichtendienste gemäß § 20 Abs. 1 BVerfSchG, § 11 Abs. 2 MADG, § 4 Abs. 4 und § 7 Abs. 4 G10 sowie § 9 Abs. 3 BNDG jedoch gehalten, bei einer hinreichenden Verdichtung der Erkenntnislage, welche auf eine konkrete

---

[139] *Nehm*, NJW 2004, 3289 (3295).

[140] Gesetz über den militärischen Abschirmdienst (MADG) v. 20.12.1990, BGBl. I, 2954, zuletzt geändert durch Artikel 3 des Gesetzes v. 30.06.2017, BGBl. I, 2097.

[141] Gesetz über den Bundesnachrichtendienst (BNDG) v. 20.12.1990, BGBl. I 2954, zuletzt geändert durch Artikel 4 des Gesetzes v. 30.06.2017, BGBl. I, 2097.

Gefahrenlage schließen lässt, die zuständige Polizeibehörde oder Staatsanwaltschaft über diesen Sachverhalt zu unterrichten, so dass diese gegebenenfalls die notwendigen Exekutivmaßnahmen veranlassen kann.[142] Auch sollen die Strafverfolgungs-/Gefahrenabwehrbehörden nicht an ihren Ermittlungen aufgrund der Beschaffungsarbeit des Verfassungsschutzes gehindert werden. Offensichtlich wird hierbei, dass sich hierbei „Schnittmengen" zwischen Strafverfolgungs-/Gefahrenabwehrbehörden und Nachrichtendiensten bilden können; dieser Effekt wird im Besonderen dadurch verstärkt, dass der Polizeiliche Staatsschutz[143] (PS) zur Gefahrenabwehr auch präventiv tätig werden kann. Hierdurch wird im PS der Rechtsgüterschutz durch die Polizei vorverlagert und nähert sich dem Tätigkeitsbereich des Verfassungsschutzes an. Bei Staatsschutzdelikten genügt prinzipiell eine abstrakte Gefährdung für Ermittlungen durch den PS (vgl. §§ 129a, 129b StGB[144]). Der polizeiliche und nachrichtendienstliche Staatsschutz beziehen sich also in wesentlichen Aspekten aufeinander und ergänzen sich im besten Fall vollständig.[145] Besonders deutlich wird die Kooperation der Sicherheitsbehörden im Bereich des Staatsschutzes am Gemeinsamen Terrorismusabwehrzentrum (GTAZ), welches Ende 2004 in Berlin eingerichtet wurde. Das GTAZ ist eine gemeinsame Kooperations- und Kommunikationsplattform von 40 Behörden. Federführend sind hierbei das BKA und das BfV. Zusätzlich entsenden der BND, der MAD, der Generalbundesanwalt beim Bundesgerichtshof (GBA), das Zollkriminalamt (ZKA), das Bundesamt für Migration und Flüchtlinge und alle 16 LKÄ und 16 LfV eigene Vertreter.[146] Das GTAZ verdeutlicht, wie eine effektive und effiziente behördenübergreifende Zusammenarbeit zwischen Polizei, Nachrichtendiensten und sonstigen Behörde, die im weiteren Sinne dem Bereich der Inneren Sicherheit zuzurechnen sind,

---

[142] *Huber*, in: Erbs/Kohlhaas NDÜV § 1 Rn. 15.

[143] Die Aufgabe des PS ist die Bekämpfung politisch motivierter Kriminalität.

[144] Strafgesetzbuch (StGB) v. 13.11.1998, BGBl. I, 3322, zuletzt geändert durch Artikel 1 des Gesetzes v. 30.10.2017, BGBl. I, 3618.

[145] *Krauß*, in: BeckOK StPO RiStBV Rn. 7.

[146] *Bundesamt für Verfassungsschutz*, Gemeinsames Terrorismusabwehrzentrum, Internetquelle.

stattfinden kann, ohne dass das Trennungsgebot zwischen Polizei und Nachrichtendiensten überschritten wird.

Problematisch ist allerdings, dass durch die Kompetenzüberlagerung zwischen Gefahrenabwehrbehörden und Verfassungsschutz - insbesondere im Arbeitsfeld des islamistischen Terrorismus - regelmäßig Erkenntnisse der Nachrichtendienste an Strafverfolgungsbehörden weitergegeben werden, die mit nachrichtendienstlichen Ermittlungsbefugnissen erlangt wurden, obschon den Strafverfolgungsbehörden jene Maßnahmen nicht zugestanden hätten.[147] Diese Kompetenzüberlagerung ist durchaus nicht unproblematisch. Sie kann insbesondere dann zu Konflikten führen, wenn die Nachrichtendienste aufgrund ihrer besonderen Amtsbefugnisse bestimmte Erkenntnisse erlangen und an die Polizeibehörden weiterleiten, obschon diese selbst nicht zu einer derartigen Informationsgewinnung berechtigt gewesen wären. Sie hätten Ermittlungen dieser Art (exemplarisch Quellen-TKÜ, Einsatz verdeckter Mitarbeiter, Observationen, Verwendung von Tarnkennzeichen oder V-Personen) also gegebenenfalls aus polizeirechtlicher Sicht in bestimmten Fällen nicht selbst durchführen dürfen. Im Ergebnis kann es dann passieren, dass eine Anklage mit Informationen erfolgt, die durch ein gewöhnliches Ermittlungsverfahren nach dem Recht der Strafverfolgungsbehörden nicht zu Tage getreten worden wären. Mithin kann de facto die Verfassungsschutzbehörde dadurch – zumindest mittelbar - auch als Gehilfe der Strafverfolgungsbehörden im Bereich des Staatsschutzes fungieren.

Im Jahr 2011 teilte die Bundesregierung auf eine kleine Anfrage der Fraktion Die Linke mit, dass die Quellen-TKÜ bis dahin vom BKA, BfV und dem Zollfahndungsdienst durchgeführt worden war.[148] Ferner ist gemäß Art. 10, 13 BayVSG das Bayerische LfV als Landesnachrichtendienst zur Quellen-TKÜ und Online-Durchsuchung explizit normativ befugt. Zudem erwägt das Hessische LfV gegenwärtig eine dementsprechende Gesetzes-

---

[147] *Rux*, JZ 2007, 289.
[148] BT-Drs. 17/7760, S. 4.

änderung.[149] Auch LKÄ nutzen mitunter die Quellen-TKÜ.[150] Daher gilt es zunächst, diese Behörden voneinander abzugrenzen. Ihr gesetzlicher Auftrag und ihre Befugnisse sollen im Folgenden festgestellt werden, um im weiteren Verlauf des Forschungsganges eine substanzielle Beurteilung der Rechtskonformität der Quellen-TKÜ und Online-Durchsuchung für die divergierenden Sicherheitsbehörden treffen zu können.

IV.1 Strafverfolgungs- und Gefahrenabwehrbehörden

Abzugrenzen sind zunächst das BKA, die 16 LKÄ, die Bundespolizei sowie der Zollfahndungsdienst als Behörden mit Exekutivbefugnissen von den deutschen Inlandsnachrichtendiensten. Exekutivbefugnisse bezeichnen Maßnahmen wie Festnahmen, die Beschlagnahmung von Asservaten, Durchsuchungen und vergleichbare Handlungen, mitunter auch unter Anwendung von Gewalt.

IV.1.1 Bundeskriminalamt

Das BKA unterstützt als Zentralstelle für die Kriminalpolizei und das polizeiliche Auskunft- und Nachrichtenwesen die Polizeien des Bundes und der Länder bei der Verhütung und Verfolgung von Straftaten mit internationaler oder erheblicher Bedeutung (§ 2 Abs. 1 BKAG). Gemäß § 4 BKAG nimmt das BKA als „originäre Aufgabenzuweisung"[151] die polizeilichen Aufgaben der Strafverfolgung der in § 4 BKAG aufgeführten Straftaten wahr. Dazu zählen Fälle des international organisierten ungesetzlichen Handels mit Waffen, Munition, Sprengstoffen, Betäubungsmitteln oder Arzneimitteln (§ 4 Abs. 1 Nr. 1 BKAG) ebenso wie Straftaten gegen Verfassungsorgane oder Diplomaten des Bundes und deren Gäste, wenn der Täter aus politischen Motiven gehandelt hat und die Tat bundes- oder außenpolitische Belange berührt (§ 4 Abs. 1 Nr. 2 BKAG) sowie im Falle international organisierter Straftaten (§ 129b StGB)

---

[149] *Hessisches Ministerium des Innern und für Sport*, Eckpunkte für neues Verfassungsschutzgesetz vorgestellt, <u>Internetquelle</u>.

[150] *Bayerische Staatsregierung*, Rechtmäßiger Einsatz der Quellen-TKÜ, <u>Internetquelle</u>.

[151] *Griesbaum*, in: KK-StPO § 161 Rn. 34.

und bei Straftaten nach §§ 105, 106 StGB (Nötigung) zum Nachteil von Bundesorganen (§ 4 Abs. 1 Nr. 3 BKAG). Ferner wird das BKA tätig in Fällen der in § 129a Abs. 1 Nr. 1 und 2 StGB genannten Straftaten (Bildung terroristischer Vereinigungen) und damit in Zusammenhang stehender Taten, soweit es sich um eine Auslandstat handelt und ein Gerichtsstand noch nicht feststeht (§ 4 Abs. 1 Nr. 4 BKAG).[152]

Durch Gesetz vom 25. 12. 2008[153] wurde dem BKA zudem die allgemeine Abwehr von Gefahren des internationalen Terrorismus (§ 4a BKAG a.F.; § 5 BKAG n.F.) zugeteilt. Hierdurch kann das BKA nicht nur repressiv tätig werden, sondern ist gleichwohl zu präventiven Maßnahmen zur Gefahrenabwehr befugt, alsbald hinreichende tatsächliche Anhaltspunkte für eine Gefährdung ersichtlich werden. Wann ein Anfangsverdacht vorliegt, kann das BKA selbst bestimmen; dies gilt auch dann, wenn es sich dabei nach dem Legalitätsprinzip[154] um eine Entscheidung handelt, die grundsätzlich von der Staatsanwaltschaft zu treffen ist (§ 152 Abs. 2 StPO). Damit dennoch eine hinreichende rechtliche Kontrolle gewährleistet werden kann, ist der GBA frühzeitig bei der Beurteilung präventiver Maßnahmen mit einzubeziehen.[155] Eine Auffälligkeit des § 5 BKAG ist obenhin die enge Anlehnung an § 129a Abs. 1 und Abs. 2 StGB (Bildung einer terroristischen Vereinigung).

In Ergänzung der Selbstvornahme polizeilicher Ermittlungen zur Strafverfolgung ermittelt das BKA, wenn eine zuständige Landesbehörde sie darum ersucht, der Bundesminister des Inneren es aus schwerwiegenden Gründen anordnet oder der GBA einen Auftrag erteilt (§ 4 Abs. 2 BKAG).

Nach einer Literaturansicht steht dem BKA als Zentralstelle grundsätzlich keine Exekutivbefugnis zu.[156] Dem Bürger gegenüber tätig werden dürften in diesem Fall also nur die Landespolizeibehörden. Der Zentralstelle soll

---

[152] *Ebd.*

[153] Gesetz zur Abwehr von Gefahren des internationalen Terrorismus durch das Bundeskriminalamt v. 25.12.2008, BGBl. I, 3083, m.W.v. 01.01.2009.

[154] Das Legalitätsprinzip verpflichtet Staatsanwälte, Verstöße gegen das Gesetz auch ohne Anzeige zu verfolgen.

[155] *Griesbaum*, in: KK-StPO § 161 Rn. 34a.

[156] *Ibler*, in: Maunz/Dürig GG Art. 87 Rn. 121.

dahingegen eine reine Koordinierungsfunktion zukommen. Das BKA ist indes nicht nur eine reine Zentralstelle im Sinne des Art. 87 Abs. 1 S. 2 GG, sondern gleichwohl eine Bundesoberbehörde im Sinne des Art. 87 Abs. 3 S. 1 GG und besitzt zumindest als solche Exekutivbefugnisse. Ferner sind Exekutivbefugnisse für Zentralstellen möglich, wenn sie für eine effektive Zusammenarbeit im Sinne des Art. 73 Abs. 1 Ziffer 10 Var. 1 GG oder zur Gefahrenabwehr im Sinne des Art. 73 Abs. 1 Nr. 9 a GG erforderlich sind und von einer Landesbehörde nicht hinreichend erfüllt werden können. Beide Voraussetzungen sind beim BKA erfüllt.

IV.1.2 Landeskriminalämter

Jedes der 16 deutschen Bundesländer besitzt mit je einem LKA eine zentrale Einrichtung der jeweiligen Landespolizei. Exemplarisch soll die Struktur des LKA Bayern untersucht werden, das seit spätestens 01. 01. 2008 die Quellen-TKÜ aktiv nutzt;[157] es hat die Quellen-TKÜ bisher mindestens 22-mal eingesetzt.[158] Gemäß Art. 7 BayPOG[159] ist das LKA Bayern mit vier Hauptaufgaben betraut. Es übt eine Zentralstellenfunktion für kriminalpolizeiliche Aufgaben aus (Art. 7 Abs. 1, 2 BayPOG) und lässt dabei grundsätzlich die kriminalpolizeilichen Zuständigkeiten der Landespolizei unangetastet. Das LKA wird dabei regelmäßig mit Unterstützungstätigkeiten (z. B. Koordination und Spezialkenntnisse erfordernde Angelegenheiten) betraut.[160] Die Quellen-TKÜ sowie die Online-Durchsuchung kann als eine derartige Unterstützungstätigkeit angesehen werden. Ferner wird das LKA als hauptsachbearbeitende Ermittlungsdienststelle bei den Katalogstraftaten des Art. 7 Abs. 3 BayPOG, bei der Kriminalforschung zur Weiterentwicklung kriminalistischer Methoden (Art. 7 Abs. 2 Nr. 2 BayPOG) und als Zentralstelle für den Digitalfunk (Art. 7 Abs. 5 BayPOG) tätig. Diese Aufbauorganisation ist in den Gesetzen über die

---

[157] *Der bayerische Landesbeauftragte für Datenschutz*, Prüfbericht Quellen-TKÜ, S. 5.

[158] BAYLT-Drs. 16/10082, S. 2.

[159] Gesetz über die Organisation der Bayerischen Staatlichen Polizei (BayPOG) v. 10.08.1976, BayRS II, 263, zuletzt geändert durch Artikel 10b Abs. 1 des Gesetzes v. 23.06.2015, GVBl., 178.

[160] *Gliwitzky/Schmid*, in: BeckOK PolR Bayern POG Art. 7.

Organisation der Polizei anderer Bundesländer in vergleichbarer Weise ausgestaltet. Die Ermächtigung für die Verwendung der Quellen-TKÜ und gegebenenfalls der Online-Durchsuchung finden sich in den jeweiligen Polizeigesetzen der Länder.[161]

IV.1.3 Bundespolizei

Bei der Diskussion um die Quellen-TKÜ und Online-Durchsuchung ist die Bundespolizei bisher nicht explizit in Erscheinung getreten. Jedoch ist auch die Bundespolizei Kunde von ZITiS.[162] Sie kann die von dieser Behörde entwickelten Methoden zur Quellen-TKÜ und Online-Durchsuchung also zumindest potenziell nutzen. In mindestens einem Ermittlungsverfahren einer bayerischen Staatsanwaltschaft war die Bundespolizei bei der Informationsgewinnung durch eine Quellen-TKÜ involviert.[163] Es gilt daher, die Bundespolizei von den übrigen Strafverfolgungs-/Gefahrenabwehrbehörden zu differenzieren.

Als Polizeibehörde des Bundes (§ 1 Abs. 1 S. 2 BPolG[164]) obliegt der Bundespolizei insbesondere der grenzpolizeiliche Schutz des Bundesgebietes (§ 1 Abs. 2 BPolG). Zudem hat die Bundespolizei die Aufgaben der Gefahrenabwehr auf dem Gebiet der Bahnanlagen des Bundes (§ 3 BPolG), dem Schutz vor Angriffen auf die Sicherheit des Luftverkehrs (§§ 4, 4a BPolG) sowie unter gewissen Voraussetzungen (vgl. § 5 Abs. 1 BPolG) den Schutz der Verfassungsorgane des Bundes und der Bundesministerien gegen Gefahren, die die Durchführung ihrer Aufgaben beeinträchtigen können. Gemäß § 9 BPolG kann die Bundespolizei auch zur Unterstützung anderer Bundesbehörden sowie gemäß § 11 BPolG - unter den Voraussetzungen des Art. 35 Abs. 2 GG und Art. 91 Abs. 1 GG - zur Unterstützung eines Bundeslandes eingesetzt werden. Diese Maßgabe gilt insbesondere auch für die Unterstützung des BfV auf dem Gebiet der Funktechnik (§ 10 BPolG). Auf dem Gebiet der

---

[161] Vgl. *E. II. 1 Strafverfolgungs- und Gefahrenabwehrbehörden.*

[162] *Redaktion ZD-Aktuell,* ZD-Aktuell 2016, 05211.

[163] BAYLT-Drs. 16/10082, S.2.

[164] Gesetz über die Bundespolizei (BPolG) v. 19.10.1994, BGBl. I, 2978, zuletzt geändert durch Artikel 1 Gesetz v. 05.05.2017 BGBl. I, 1066.

Strafverfolgung nimmt die Bundespolizei bestimmte polizeiliche Aufgaben wahr (§ 12 BPolG).[165] Hierzu zählen zum Beispiel Vergehen gegen die Sicherheit der Grenze (§ 12 Abs. 1 S. 1 Nr. 1 BPolG) sowie weitere Vergehen mit Bezug zur deutschen Grenze (vgl. § 12 Abs 1 S. 1 Nr. 2 – 4 BPolG), Vergehen auf dem Gebiet der Bahnanlagen der Eisenbahnen des Bundes (§ 12 Abs. 1 S. 1 Nr. 5 BPolG) und Strafverfolgungsmaßnahmen auf See außerhalb des deutschen Küstenmeeres (§ 12 Abs. 1 S. 1 Nr. 6 BPolG).

Im Einvernehmen mit dem BMI kann das Bundesministerium der Finanzen (BMF) Beamte der Bundespolizei, die gemäß § 2 BPolG mit Aufgaben des Bundesgrenzschutzes betraut sind, auch für Aufgaben betrauen, die gemäß § 5 Abs. 2 ZFdG den Zollbehörden obliegen.[166] Möglich ist zuletzt auch ein Einsatz zur Abwehr einer drohenden Gefahr für den Bestand des Bundes oder eines Landes (nach Art. 91 Abs. 2 GG) sowie zur Sicherung der freiheitlich demokratischen Grundordnung[167].[168]

IV.1.4 Zollverwaltung

Der im Geschäftsbereich des BMF liegenden Zollverwaltung, bestehend aus dem Zollkriminalamt (ZKA) und den Zollfahndungsämtern stehen weitreichende Befugnisse zu, welche sich aus dem ZFdG ergeben. Die Hauptaufgabe des ZKA als Zentralstelle ist gemäß § 2 Abs. 1 Nr. 1 ZFDG die Unterstützung der Zollverwaltungsbehörden bei der Sicherung des Steueraufkommens und bei der Überwachung der Ausgaben nach dem Gemeinschaftsrecht sowie gemäß § 2 Abs. 1 Nr. 2 ZFdG bei der Aufdeckung unbekannter Steuerfälle und der Verhütung und Verfolgung bestimmter Straftaten und Ordnungswidrigkeiten. Das ZKA besitzt ferne eigene Aufgaben nach § 4 ZFdG. So kann das ZKA in Fällen von besonderer Bedeutung die Aufgaben der Zollfahndungsämter auf dem Gebiet der Strafverfolgung selbst durchführen (§ 4 Abs. 1 ZFdG). Ferner wirkt das ZKA bei der Überwachung des Außenwirtschaftsverkehrs

---

[165] Vgl. *Schwarz*, in: Maunz/Dürig GG Art. 12a Rn. 37f.

[166] *Kotz/Oğlakcıoğlu*, in: MüKoStGB/GÜG § 7.

[167] Als freiheitlich demokratische Grundordnung werden die obersten Grundwerte der freiheitlichen Demokratie bezeichnet, vgl. *v. Coelln*, in: MSKB BVerfGG § 46 Rn. 13-16.

[168] *Schwarz*, in: Maunz/Dürig GG Art. 12a Rn. 38.

(§ 4 Abs. 2 ZFdG), des grenzüberschreitenden Warenverkehrs (§ 4 Abs. 3 ZFdG) sowie bei der Bekämpfung der international organisierten Geldwäsche (§ 4 Abs. 4 ZFdG) mit. Anders als das BKA ist das ZKA ist gegenüber den Zollfahndungsämtern gemäß § 6 ZFdG weisungsberechtigt. Der Befugniskatalog des ZKA ist in §§ 18 bis 23g ZFdG normiert.[169] § 23a ZFdG ist die Rechtsgrundlage für die TKÜ durch das ZKA.[170] Dabei wird die Quellen-TKÜ sowie die Online-Durchsuchung - anders als im BKAG - nicht explizit normiert. Dennoch wird die Quellen-TKÜ auf Basis des § 23a ZFdG betrieben.[171] Die Zollbeamten des ZKA sind gemäß § 16 ZFdG Ermittlungspersonen der Staatsanwaltschaft (§ 152 GVG[172]). Selbiges gilt für die Beamten des Zollfahndungsdienstes (§ 26 ZFdG). Die Zollfahndungsämter können auch präventiv tätig werden, hierfür steht ihnen der Befugniskatalog der §§ 27 bis 32a ZFdG zur Verfügung.[173]

IV.2 Inlandsnachrichtendienste

Nachdem die zur Quellen-TKÜ (potenziell) ermächtigten Strafverfolgungs- und Gefahrenabwehrbehörden in ihren Aufgabenbereichen und Befugnissen unterschieden wurden, gilt es nun, einen Überblick über die Inlandsnachrichtendienste der Bundesrepublik Deutschland herzustellen. Als Nachrichtendienste im Inland tätig werden sowohl die 17 Behörden für Verfassungsschutz als auch der MAD.

Der Verfassungsschutzverbund besteht aus dem BfV und 16 LfV; das föderale System der Bundesrepublik Deutschland spiegelt sich also auch im Bereich der Inlandsnachrichtendienste wieder. Ergänzt wird der Verfassungsschutzverbund durch den MAD, der die Aufgaben der Verfassungsschutzbehörden im Geschäftsbereich des BMVg wahrnimmt. Er ist damit ein abwehrender

---

[169] *Weber*, in: BtMG § 21, Rn. 52.

[170] Vgl. dazu *Bäcker*, in: Schenke/Graulich/Ruthig ZFdG § 23a.

[171] BT-Drs. 17/7760, S. 4.

[172] Gerichtsverfassungsgesetz (GVG) v. 09.051975, BGBl. I, 1077, zuletzt durch Artikel 10 Absatz 6 des Gesetzes v. 30.10.2017, BGBl. I, 3618.

[173] *Weber*, in: BtMG § 21, Rn. 51.

militärischer Nachrichtendienst, der allerdings insbesondere im Inland tätig ist (vgl. § 14 Abs. 4 MADG) und daher an dieser Stelle mit aufgeführt wird.

Gemäß Nr. 2 des Polizei-Briefes stehen dem Verfassungsschutz keine polizeilichen Befugnisse zu. Er ist aus diesem Grunde nicht als Polizeibehörde zu klassifizieren und strikt von einer solchen zu trennen.[174] Trotz der Versagung von Exekutivbefugnissen ist der Verfassungsschutzverbund von erheblicher Bedeutung für die innere Sicherheit der Bundesrepublik Deutschland.[175] Als Institution eigener Art[176] soll es die freiheitlich demokratische Grundordnung schützen und durch die frühzeitige Aufklärung verfassungsfeindlicher Bestrebungen die Demokratie in der Bundesrepublik Deutschland wahren. Im Selbstverständnis sieht sich der Verfassungsschutzverbund als „Dienstleister für Demokratie und innere Sicherheit"[177] und „Sicherheitsberater für die Bundesregierung"[178].

Definiert werden die Aufgaben des Verfassungsschutzverbundes in § 3 Abs. 1 BVerfSchG. Diese sind vornehmlich die Sammlung und Auswertung von Informationen, insbesondere von sach- oder personenbezogenen Auskünften, Nachrichten und Unterlagen für Zwecke des Verfassungsschutzes. Darunter zählen Bestrebungen, die gegen die freiheitlich demokratische Grundordnung oder die Sicherheit des Bundes oder eines Landes gerichtet sind (§ 3 Abs. 1 Nr. 1 BVerfSchG), sicherheitsgefährdende oder geheimdienstliche Tätigkeiten (§ 3 Abs. 1 Nr. 2 BVerfSchG), Bestrebungen, die durch Gewaltanwendung auswärtige Belange der Bundesrepublik Deutschland gefährden (§ 3 Abs. 1 Nr. 3 BVerfSchG) sowie Bestrebungen, die gegen das friedliche Zusammenleben der Völker gerichtet sind (§ 3 Abs. 1 Nr. 4 BVerfSchG). Ferner wirken die Verfassungsschutzbehörden bei Sicherheitsüberprüfungen von Personen (§ 3 Abs. 2 Nr. 1 und 2 BVerfSchG), bei technischen Schutzmaßnahmen zum Schutz geheimhaltungsbedürftiger Tatsachen (§ 3 Abs. 2 Nr. 3 BVerfSchG) und der Geheimschutzbetreuung von nichtöffentlichen

---

[174] *Keller*, in: BeckOK PolR NRW POG NRW § 1 Rn. 49.

[175] *Roggan/Bergemann*, NJW 2007, 876 (881).

[176] *Denninger*, in: Lisken/Denninger PolR-HdB Rn. 41.

[177] *Bundesamt für Verfassungsschutz*, Imagebroschüre 2016, S. 11.

[178] *Bundesamt für Verfassungsschutz*, Imagebroschüre 2016, S. 35.

Stellen (§ 3 Abs. 2 Nr. 5 BVerfSchG) mit. Die Zusammenarbeit der Verfassungsschutzbehörden ist im ersten Abschnitt (§§ 1 – 7 BVerfSchG) des BVerfSchG geregelt. Hieraus kann geschlussfolgert werden, dass die insgesamt 17 Verfassungsschutzbehörden zwar im Kern den gleichen Auftrag (Schutz der freiheitlich demokratischen Grundordnung) haben, in ihren jeweiligen Befugnissen aufgrund landesgesetzlicher Regelungen bisweilen jedoch recht unterschiedlich ausgestattet sind.

Daher gilt es, im nachfolgenden Schritt das BfV, die 16 LfV sowie den MAD als Inlandsnachrichtendienste zu differenzieren, um so Rückschlüsse auf die Anwendung und Rechtskonformität der Anwendung der Quellen-TKÜ und Online-Durchsuchung ziehen zu können.

IV.2.1 Bundesamt für Verfassungsschutz

Als Zentralstelle und Bundesoberbehörde[179] darf das BfV, gegebenenfalls unter den Voraussetzungen des § 5 Abs. 1 S. 2 Nr. 1 – 5 BVerfSchG, in einem Bundesland im Einvernehmen mit dem jeweiligen LfV Informationen, Auskünfte, Nachrichten und Unterlagen sammeln.[180] Es wertet zentral alle Erkenntnisse über Bestrebungen gegen die freiheitlich demokratische Grundordnung aus und unterrichtet die LfV mithilfe von Struktur- und Methodikberichten (§ 5 Abs. 2 BVerfSchG). Ferner koordiniert das BfV die Zusammenarbeit der Verfassungsschutzbehörden (§ 5 Abs. 3 BVerfSchG) und unterstützt die 16 LfV bei der Erfüllung ihrer Aufgaben (§ 5 Abs. 4 BVerfSchG). Dem BfV obliegt vorbehaltlich des § 5 Abs. 5 S. 2 BVerfSchG ferner der Dienstverkehr mit ausländischen Nachrichtendiensten (§ 5 Abs. 5 S. 1 BVerfSchG).

Als Nachrichtendienst ist das BfV gemäß § 8 Abs. 1 BVerfSchG befugt, die zur Erfüllung seiner Aufgaben erforderlichen Informationen einschließlich personenbezogener Daten zu erheben, zu verarbeiten und zu nutzen. Dabei dürfen grundsätzlich auch schutzwürdige Interessen des Betroffenen beeinträchtigt werden (§ 8 Abs. 1 S. 3 BVerfSchG). Als nachrichtendienstliche

---

[179] Zur Diskussion um die Zulässigkeit der Doppelfunktion siehe bitte Diskussion in *B. I. 1. Bundeskriminalamt*.

[180] *Ibler*, in: Maunz/Dürig GG Art. 87 Rn. 146 f.

Besonderheit darf das BfV Methoden, Gegenstände und Instrumente zur heimlichen Informationsbeschaffung wie den Einsatz von Vertrauens- und Gewährspersonen, Observationen, Bild- und Tonaufzeichnungen, Tarnpiere und Tarnkennzeichen einsetzen, soweit diese verhältnismäßig sind (§ 8 Abs. 2 BVerfSchG). Das BfV wendet die Quellen-TKÜ an, allerdings unterliegt die Anzahl der bisherigen Maßnahmen der staatlichen Geheimhaltung und kann aus geheimschutzrechtlichen Gründen an dieser Stelle nicht angegeben werden.[181]

Hochrangige Politiker wie der Bundesminister des Inneren a.D. Thomas de Maizière[182] und Sicherheitsexperten wie der ehemalige Präsident des BND August Hanning[183] sowie der aktuelle Präsident des BfV Hans-Georg Maaßen[184] fordern spätestens seit dem islamistisch motivierten Attentat in Berlin vom 19. 12. 2016 weitreichendere Befugnisse für das BfV sowie eine stärkere Weisungsberechtigung und Zentralstellenfunktion gegenüber den LfV respektive die vollständige Abschaffung der föderalen Ordnung im Verfassungsschutzverbund. Politiker der Fraktionen Die Linke[185] sowie Bündnis 90/Die Grünen[186] sehen dies kritisch und gehen soweit, dass sie bisweilen die Auflösung oder zumindest eine erhebliche Schwächung des BfV respektiver sämtlicher (Inlands-)Nachrichtendienste fordern. Diese Ansicht muss indessen als realitätsfern angesehen werden, da gerade das BfV in Zeiten nie dagewesener terroristischer Gefährdungen durch seine Arbeit in vergangener Zeit geplante Gewalttaten bereits in einem frühen Stadium unterbinden konnte. So führten beispielsweise Informationen des BfV im Oktober 2017

---

[181] BT-Drs. 17/7760, S. 13.

[182] *Die Tageszeitung*, De Maizière will den Bund stärken, <u>Internetquelle</u>.

[183] *Focus*, "Auf allen Ebenen": Ex-BND-Chef fordert Stärkung des Verfassungsschutzes, <u>Internetquelle</u>.

[184] *Spiegel Online*, Geheimdienstchef Maaßen will mehr Macht, <u>Internetquelle</u>.

[185] *Tagesspiegel*, Linke will Geheimdienste abschaffen, <u>Internetquelle</u>.

[186] *Grüne Landtagsfraktion Sachsen-Anhalt*, Mittelfristig den Verfassungsschutz auflösen, <u>Internetquelle</u>.

zur Festnahme eines 19-jährigen Mannes in Schwerin, wodurch eine schwere staatsgefährdende Straftat verhindert werden konnte.[187]

IV.2.2 Landesbehörden für Verfassungsschutz

Jedes der 16 deutschen Bundesländer besitzt eine Landesbehörde für Verfassungsschutz. In sieben Fällen sind diese in Form von Landesämtern für Verfassungsschutz organisiert, welche dem jeweiligen Innenressort unterstellt sind.[188] In den zehn anderen Bundesländern ist der Verfassungsschutz als Abteilung im jeweiligen Landesministerium des Inneren organisiert. Die Landesbehörden sind vom BfV organisatorisch getrennt. Ein Weisungsrecht des BfV besteht grundsätzlich nicht. Jedes Bundesland hat ein eigenes Gesetz für seine Verfassungsschutzbehörde, bei der sowohl die Aufgaben als auch die Befugnisse different sind. So beobachten zum Beispiel - anders als das BfV - einige LfV auch Bestrebungen der Organisierten Kriminalität (OK)[189].[190] Dass die Befugnisse der einzelnen Behörden unterschiedlich stark ausgeprägt sind, ist für die Beurteilung des Einsatzes der Quellen-TKÜ und Online-Durchsuchung besonders relevant. Bislang ist nur das LfV Bayern explizit im landeseigenen Verfassungsschutzgesetz zu beiden Maßnahmen ermächtigt (Art. 10 und Art. 13 BayVSG). In Hessen wird ein entsprechender Gesetzesentwurf gegenwärtig kontrovers diskutiert.[191] Insbesondere das LfV Bayern gilt als besonders mächtig, da es die weitreichendsten Befugnisse für die Ausübung ihres gesetzlichen Auftrages besitzt; diese gehen mitunter sogar

---

[187] *Die Welt*, Festnahme in Schwerin hat „schweren Terroranschlag" verhindert, Internetquelle.

[188] Namentlich sind dies die LfV in den Bundesländern Bayern, Hessen, Sachsen, Baden-Württemberg, Saarland, Hamburg, Bremen.

[189] Organisierte Kriminalität bezeichnet die von Gewinn- oder Machtstreben bestimmte, planmäßige Begehung von erheblichen Straftaten, wenn mindestens drei Beteiligte auf längere Dauer arbeitsteilig und unter Verwendung gewerblicher Strukturen oder unter Anwendung von Gewalt oder anderer zur Einschüchterung geeigneter Mittel oder unter Einflussnahme auf Politik, Medien, öffentliche Verwaltung, Justiz oder Wirtschaft zusammenwirken (*Bundeskriminalamt*, Organisierte Kriminalität, Internetquelle).

[190] Dazu zählen insbesondere die LfV in Bayern, Hessen, Sachsen, Thüringen und Saarland.

[191] *Hessisches Ministerium des Innern und für Sport*, Eckpunkte für neues Verfassungsschutzgesetz vorgestellt, Internetquelle.

weiter als die Befugnisse des BfV.[192] Das bayerische LfV hat die Quellen-TKÜ bisher mindestens 3-mal angewendet.[193]

IV.2.3 Bundesamt für den militärischen Abschirmdienst

Der MAD erhielt – wie auch der BND – seine Rechtsgrundlage erst im Jahr 1990 und führt als abwehrender militärischer Nachrichtendienst die Aufgaben einer Verfassungsschutzbehörde im Geschäftsbereich des BMVg durch. § 1 Abs. 1 S. 1 MADG beschreibt seine Aufgaben annährend wortgleich mit dem in § 3 BVerfSchG normierten Aufgabenkanon für die Verfassungsschutzbehörden. Aufgrund seiner grundsätzlichen[194] Beschränkung auf Angehörige des Geschäftsbereiches des BMVg[195] ist der MAD als Teil der Streitkräfte zu klassifizieren.[196] Es gibt gegenwärtig keinen Hinweis, dass der MAD die Quellen-TKÜ oder die Online-Durchsuchung anwendet. Jedoch hat der MAD gemäß § 4 Abs. 1 MADG i.V.m. § 8 Abs. 2 BVerfSchG grundsätzlich die gleichen Befugnisse wie das BfV,[197] welches die Quellen-TKÜ anwendet,[198] sodass daraus geschlossen werden kann, dass der MAD ebenso die Quellen-TKÜ und potenziell auch die Online-Durchsuchung auf der gleichen Rechtsgrundlage anwenden könnte. Bei Verweisen auf das BVerfSchG kommt in Bezug auf die Quellen-TKÜ und Online-Durchsuchung neben den Verfassungsschutzbehörden stets also auch der MAD in Betracht.

---

[192] So darf das LfV Bayern - anders als alle anderen LfV - beispielsweise Kommunikationsdaten aus der Vorratsdatenspeicherung auswerten. Eine weitere rechtliche Besonderheit ist, die Befugnis zur Wohnraumüberwachung gemäß Art. 9 BayVSG. Anders als das BfV, besitzt das LfV Bayern die Möglichkeit der altersunabhängigen Speicherung personenbezogener Daten, die gegebenenfalls Kinder miteinschließt.

[193] BAYLT-Drs. 16/10082, S. 2.

[194] Ausnahmen, insbesondere für Ehegatten und Lebenspartner von Angehörigen des BMVg, finden sich in § 2 MADG.

[195] Dies sind im Wesentlichen Soldaten der Bundeswehr.

[196] Vgl. *Droste*, Handbuch des Verfassungsschutzrechts, S. 647; *Roewer*, Nachrichtendienstrecht (1987), § 1 PKKG Rn. 28.

[197] *Albers*, in: BeckOK DatenschutzR BDSG Rn. 19.

[198] BT-Drs. 17/7760, S. 4.

V. Normative Grundlagen für die Quellen-Telekommunikationsüberwachung und Online-Durchsuchung

Das Telekommunikationsgeheimnis (Art. 10 Abs. 1 GG) schützt die Bürger in der Bundesrepublik Deutschland vor der Kenntnisnahme der „unkörperlichen Übermittlung von Informationen an individuelle Empfänger mit Hilfe des Telekommunikationsverkehrs"[199]. Die Werteordnung der Bundesrepublik Deutschland beruht in ihrem Wesenskern auf gesellschaftlicher Freiheit sowie individueller Selbstbestimmung und bestimmt folgerichtig, dass die Vertraulichkeit der Kommunikation auch im fernmündlichen Bereich gewährleistet sein muss. Auf die informationelle Selbstbestimmung müssen sich Bürger also auch dann verlassen können, wenn eine Kommunikation von „Angesicht zu Angesicht" nicht möglich oder nicht erwünscht ist und technische Kommunikationsmittel zur Überwindung räumlicher Distanzen benutzt werden. Das primäre Ziel des Art. 10 GG ist, fernmündlich kommunizierende Personen so zu stellen, als stünden sie in einem persönlichen Dialog unter Anwesenden.[200]

Dieses Grundrecht unterliegt einstweilen freilich verfassungsimmanenten Schranken. Daher kann das Fernmeldegeheimnis gemäß Art. 10 Abs. 2 S. 1 GG auf Grund eines Gesetzes beschränkt werden. Überwachungsmaßnahmen, die die Einschränkung des Art. 10 GG zur Folge haben, dürfen dann bei einem berechtigten Grund ohne Wissen des Betroffenen durchgeführt werden (Art. 10 Abs. 2 S. 2 GG). Die normativen Grundlagen für diese Grundrechtsbeschränkung finden sich insbesondere im G10, ferner jedoch auch im BKAG, BVerfSchG, ZFdG, den Polizeigesetzen der Länder, den Verfassungsschutzgesetzen der Länder sowie in der StPO. Allerdings ist nicht allerorts die Quellen-TKÜ und Online-Durchsuchung explizit normiert. Prononcierte Ermächtigungen für derartige Maßnahmen finden sich bisher nur im BKAG, in einigen Polizeigesetzen der Länder, im bayerischen VSG und in der StPO. In den Rechtsgrundlagen für eine TKÜ nach dem BVerfSchG, BPolG, ZFdG sowie dem G10 sind die Quellen-TKÜ und Online-Durchsuchung derweilen

---

[199] *Huber*, in: Erbs/Kohlhaas NDÜV § 1 Rn. 4.
[200] *Gersdorf*, in: BeckOK InfoMedienR GG Art. 10.

nicht ausdrücklich typisiert; vielmehr werden derartige Anordnungen auf der Rechtsgrundlage der gewöhnlichen TKÜ erlassen. Dies führt zu einer gewissen Rechtsunsicherheit bei den anwendenden Behörden. Um dem Forschungsziel näher zu kommen, müssen die benannten Rechtsquellen vorab differenziert betrachtet werden; so kann der legislatorische Status quo erfasst werden.

Um dies wirkungsvoll zu erzielen, muss zwischen Bundes- und Landesrecht unterschieden werden. Denn anders als in Staaten, in denen der Unitarismus[201] (also das Streben nach einem Einheitsstaat)[202] vorherrscht, gilt in der Bundesrepublik Deutschland bekanntermaßen das Föderalismusprinzip. Dies bedeutet, dass die Rechtsstellung und Befugnisse der jeweils unteren Ebene grundsätzlich selbstständig ausgestaltet werden. Die staatliche Hoheitsgewalt wird sohin auf verschiedene territoriale Hoheitsträger verteilt.[203] Das Bundesrecht bezeichnet das vom Bund geschaffene Recht; Landesrecht ist insofern davon abzugrenzen, dass es das von den Gesetzgebungsorganen der Bundesländer geschaffene Recht tituliert. Grundsätzlich stehen das Bundesrecht und Landesrecht nebeneinander, wobei als „Kollisionsregel"[204] der Grundsatz „Bundesrecht bricht Landesrecht" (Art. 31 GG) zu beachten ist.

Die legi generali für die Anwendung der (Quellen-)TKÜ und mitunter Online-Durchsuchung sind im Bereich der Strafverfolgungsbehörden die StPO sowie das G10 für den nachrichtendienstlichen Sektor. Mehrere spezialgesetzliche Regelungen finden sich in den Rechtsgrundlagen der jeweiligen Bundes- oder Landesbehörden.

---

[201] Vgl. *Isensee*, HStR IV, § 98 Rn. 8.

[202] Wie in den meisten Staaten der EU, z. B. Frankreich, Spanien, Portugal, Italien, Polen, Österreich, Estland, Lettland und Litauen.

[203] *Grzeszick*, in: Maunz/Dürig GG IV. Rn. 18.

[204] *Hellermann*, in: BeckOK Grundgesetz GG Art. 31.

V.1 Bundesrecht

Zunächst sollen die unterschiedlichen bundesgesetzlichen Regelungen mit Bezug zur Quellen-TKÜ und/oder Online-Durchsuchung detailliert voneinander abgegrenzt werden.

V.1.1 Strafprozessordnung

Die wohl wichtigste und bekannteste Rechtsgrundlage für die Quellen-TKÜ und Online-Durchsuchung für die Strafverfolgungsbehörden ist die StPO. Die StPO enthält a priori jene Vorschriften, die für das Strafverfahrensrecht erheblich sind. Im Gegensatz zum StGB, welches das materielle Strafrecht regelt, ist die StPO somit Teil des formellen Strafrechts.

Aufgrund der weitgehenden Unmöglichkeit einer effizienten TKÜ bei verschlüsselten Messenger-Diensten wurde bereits beim 69. Deutschen Juristentag (DJT) im Jahr 2012 gefordert, dass die Legislative eine normative Grundlage für die Quellen-TKÜ und Online-Durchsuchung regelt.[205] Damit die rechtlichen und technischen Anforderungen an diese Maßnahmen erfüllt werden, wurde schon beim DJT 2012 festgehalten, dass in beiden Fällen die eingesetzte Spionagesoftware vorab unabhängig zu zertifizieren ist, damit „unvermeidliche Gefahren beherrschbar"[206] sind.[207]

Wider fragmentarischer Kritik aus Wissenschaft und Medien[208] erfolgte die Implementierung der Quellen-TKÜ (§ 100a Abs. 1 S. 1, 2 StPO n.F.) und Online-Durchsuchung (§ 100b Abs. 1 StPO n.F.) in die StPO am 17. 08. 2017[209] nachdem das BVerfG mit Urteil vom 20. 04. 2016[210] die grundsätzliche Vereinbarkeit der Quellen-TKÜ und Online-Durchsuchung „zur Abwehr von Gefahren des internationalen Terrorismus [...] mit den Grundrechten des Grundgesetzes" festgestellt hat. Es kann konstatiert werden, dass in der StPO

---

[205] *69. Deutscher Juristentag 2012*, Strafrecht, S.10 f.

[206] *69. Deutscher Juristentag 2012*, Strafrecht, S.11.

[207] Vgl. auch *Graf*, in: BeckOK StPO § 100a Rn. 107.

[208] Vgl. *F. III. Schrifttum und Sachverständigenurteile.*

[209] BGBl. 2017 I, 3202.

[210] *BVerfG*, Urteil v. 20.04.2016; BVerfGE 141, 220 – 378 = NJW 2016, 1781 (1796).

die Regelungen der herkömmlichen TKÜ um die Quellen-TKÜ und Online-Durchsuchung ergänzt wurden. Ferner wurden die Reglements, die den Kernbereich der privaten Lebensgestaltung betreffen, durch § 100d StPO in einer gemeinsamen Norm verankert.[211]

Nach der novellierten Fassung der StPO ist die Quellen-TKÜ grundsätzlich unter den gleichen Voraussetzungen wie eine gewöhnliche TKÜ zulässig. Die neue Fassung unterscheidet hierbei explizit zwischen dem Überwachen und Aufzeichnen laufender Telekommunikation durch einen Eingriff in das informationstechnische System des Betroffenen (Quellen-TKÜ) und der Überwachung und Aufzeichnung von gespeicherten Inhalten durch einen Eingriff in das informationstechnische System (Online-Durchsuchung). In beiden Fällen geschieht ein Eingriff durch staatliche Spionagesoftware, die regelmäßig - etwas despektierlich - als „Staatstrojaner"[212] bezeichnet wird. Selbstredend erfolgen die Überwachungsmaßnahmen, wie bei der herkömmlichen TKÜ, ohne Wissen des Betroffenen.[213]

§ 100a StPO und § 100b StPO enthalten abschließende Regelungen, unter welchen Voraussetzungen die Quellen-TKÜ und Online-Durchsuchung zulässig sind. Unstatthaft wäre daher eine erweiternde Auslegung dieser Regelungen.[214] Fraglich bleibt jedoch, ob die bestehenden Befugnisse unter den Voraussetzungen der §§ 100a, 100b StPO nicht zu weit gehen und im Ergebnis daher als unverhältnismäßig zu werten sind. Dies ist ein Gegenstand der weiteren Untersuchung.[215]

---

[211] *Freiling/Safferling/Rückert*, JR 2018I, 9 (22); Vgl. *E. IV. 2. Kernbereich privater Lebensgestaltung.*

[212] Exemplarisch *Spiegel Online*, Grünes Licht für den gekauften Staatstrojaner, Internetquelle; *Süddeutsche Zeitung*, Die digitale Inquisition hat begonnen, Internetquelle; *Die Welt*, Staatstrojaner ist offenbar längst im Einsatz – und spioniert Handynutzer aus, Internetquelle.

[213] *Freiling/Safferling/Rückert*, JR 2018I, 9 (22).

[214] *BGH* v. 15.3.1976 – AnwSt (R) 4/75 – BGHSt 26, 298, 303; *BGH* v. 16.3.1983 – 2 StR 775/82 – BGHSt 31, 296, 298; *BGH* v. 17.3.1983 – 4 StR 640/82 – BGHSt 31, 304, 306; *BGH* v. 9.4.1986 – 3 StR 551/85 – BGHSt 34, 39, 50.

[215] Vgl. *G.II. Reduktion der Katalogstraftaten des § 100b StPO.*

V.1.2 Bundeskriminalamtgesetz

Das BKA besitzt für den Einsatz der Quellen-TKÜ und Online-Durchsuchung aufgrund seiner akzentuierten Ermächtigung zu den genannten Maßnahmen im BKAG eine Vorreiterposition sowie eine Schrittmacherrolle für andere Sicherheitsbehörden.

Die normative Grundlage für den Einsatz der Quellen-TKÜ im BKA bilden §§ 5, 51 Abs. 1 i.V.m. Abs. 2 BKAG, wonach die Überwachung und Aufzeichnung der Telekommunikation ohne Wissen der Betroffenen in der Weise erfolgen darf, dass mit technischen Mitteln in vom Betroffenen genutzte informationstechnische Systeme eingriffen werden kann, wenn durch technische Maßnahmen sichergestellt ist, dass ausschließlich <u>laufende Telekommunikation</u> überwacht und aufgezeichnet wird (§ 51 Abs. 2 Nr. 1 BKAG) und der Eingriff in das informationstechnische System <u>notwendig</u> ist, um die Überwachung und Aufzeichnung der Telekommunikation insbesondere auch in unverschlüsselter Form zu ermöglichen (§ 51 Abs. 2 Nr. 2 BKAG).

Eine Quellen-TKÜ auf der Grundlage des § 51 Abs. 1 Nr. 1 BKAG darf nur bei einer dringenden Gefahr für besonders schützenswerte Rechtsgüter (insbesondere zur Abwehr einer dringenden Gefahr für den Bestand oder die Sicherheit des Staates oder für Leib, Leben oder Freiheit einer Person oder Sachen von bedeutendem Wert, deren Erhaltung zudem im öffentlichen Interesse liegen muss) stattfinden.

Durch die explizit genannten Voraussetzungen für eine Quellen-TKÜ in § 51 BKAG soll den verfassungsrechtlichen Anforderungen an das Bestimmtheitsgebot und der Normenklarheit entsprochen werden. Dieses allgemeine rechtsstaatliche Bestimmtheitsgebot findet auf sämtliche Rechtsvorschriften Anwendung.[216] Dadurch soll sichergestellt werden, dass jede Verwaltungshandlung in ausreichendem Maße für die Bürger voraussehbar und berechenbar ist sowie eine zielführende Kontrolle durch die unabhängigen Gerichte möglich ist.[217] Um der Normenklarheit zu entsprechen, müssen

---

[216] BVerfGE 108, 186 (234 f.) = NVwZ 2003, 1241; BVerfGE 111, 54 (82) mwN = NJW 2005, 126.
[217] BVerfGE 110, 33 (53 ff.) = NJW 2004, 2213.

Gesetze so abgefasst sein, damit es für jedermann erkennbar ist, wann verbotenes und mit Strafe bedrohtes Verhalten vorliegt und welche Konsequenz bei der Begehung einer Straftat droht;[218] nach anderer Ansicht genügt allerdings bereits die reine Erkennbarkeit des Risikos einer Bestrafung.[219]

Anlass, Zweck und Grenzen der Quellen-TKÜ müssen sich folglich aus dem Gesetz ergeben. Fraglich ist indessen, ob diese Maßgabe im Falle des § 51 Abs. 1 Nr. 2 i.V.m. § 5 Abs. 1 BKAG (Vorbereitung einer Straftat im Bereich des internationalen Terrorismus) hinreichend gegeben ist. Die Vorbereitung einer entsprechenden Straftat ist in diesem Falle eng auszulegen, so dass reine Unterstützungshandlungen im weiten Vorfeld auszugrenzen sind.[220] Um an dieser Stelle die notwendige Normenklarheit herzustellen, empfiehlt sich im BKAG eine gesetzliche Definition über die Vorbereitung einer terroristischen Straftat vergleichbar § 23a Abs. 2 ZFdG[221].

Für die Online-Durchsuchung gilt artentsprechend § 49 BKAG. Hiernach darf das BKA ohne Wissen des Betroffenen mit technischen Mitteln in vom Betroffenen genutzte informationstechnische Systeme eingreifen und aus ihnen Daten erheben, wenn bestimmte Tatsachen die Annahme rechtfertigen, dass (1.) eine Gefahr für Leib, Leben oder Freiheit einer Person oder (2.) solche Güter der Allgemeinheit, deren Bedrohung die Grundlagen oder den Bestand des Staates oder (3.) die Grundlagen der Existenz der Menschen berührt, vorliegt (§ 49 Abs. 1 S. 1 BKAG). Ferner ist die Online-Durchsuchung zulässig,

---

[218] *BVerfG*, Beschluss v. 23.7.2010 – 2 BvR 2559/08, 105, 491/09, BVerfGE 126, 170 (195). So z. B. *BVerfG*, Beschluss v. 23.10.1985 – 1 BvR 1053/82, BVerfGE 71, 108 (114); *BVerfG*, Urteil v. 11.11.1986 – 1 BvR 7132/83, 921, 1190/84, 333, 248, 306, 497/8573, 206 (234), BVerfGE 73, 206 (234 ff.); *BVerfG*, Beschluss v. 10.1.1995 – 1 BvR 718, 719, 722, 723/89, BVerfGE 92, 1 (12) und z. B. *Schulze-Fielitz*, in: Dreier GG Art. 103 Abs. 2 Rn. 38; *Pieroth*, in Jarass/Pieroth GG Art. 103 Rn. 72; *Brüning*, in: Stern/Becker Grundrechte-Kommentar Art. 103 Rn. 67.

[219] *BVerfG*, Beschluss v. 10.1.1995 – 1 BvR 718, 719, 722, 723/89, BVerfGE 92, 1 (12); *BVerfG*, Beschluss v. 23.10.1985 – 1 BvR 1053/82, BVerfGE 71, 108 (115); *BVerfG*, Beschluss v. 23.7.2010 – 2 BvR 2559/08, 105, 491/09, BVerfGE 126, 170 (195); vgl. auch *BVerfG*, Beschluss v. 17.1.1978 – 1 BvL 13/76, BVerfGE 47, 109 (121).

[220] *Kugelmann*, in: Nomos-BR BKAG § 201 Rn. 8.

[221] § 23a Abs. 2 ZFdG: *Eine Vorbereitung von Straftaten [...] ist eine Handlung, die darauf gerichtet ist, Straftaten zu begehen, das geschützte Rechtsgut aber nicht unmittelbar gefährdet. Insbesondere fallen darunter [Beispielkatalog], soweit dies der Begehung der Straftat nützlich sein soll.*

wenn sich noch nicht mit hinreichender Wahrscheinlichkeit feststellen lässt, dass ohne Durchführung der Maßnahme in näherer Zukunft ein erheblicher Schaden eintritt, sofern bestimmte Tatsachen auf eine im Einzelfall durch bestimmte Personen drohende Gefahr für eines der in § 49 Abs. 1 S. 1 BKAG genannten Rechtsgüter hinweisen. Die weiteren Voraussetzungen für die Durchführung der Online-Durchsuchung sind die Erforderlichkeit nach § 5 BKAG (Abwehr von Gefahren des internationalen Terrorismus) sowie, dass die Aufgabenerfüllung des BKA ansonsten aussichtslos oder wesentlich erschwert wäre. § 49 BKAG steht unter dem Vorzeichen des Art. 73 Abs. 1 Nr. 9a GG als Kompetenznorm. Daher kann die Online-Durchsuchung auch grundsätzlich nur zur Gefahrenabwehr im Bereich des internationalen Terrorismus genutzt werden.[222] Die Online-Durchsuchung ist ferner nur im Falle einer hinreichend konkreten Gefahr einsetzbar. Allerdings ist hier anzumerken, dass der Wahrscheinlichkeitsmaßstab derart niedrig ist, dass sie bereits dann zulässig ist, wenn bestimmte Tatsachen auf eine konkrete Gefahr hinweisen. Die Online-Durchsuchung ist also auch dann zulässig, obschon sich noch nicht mit hinreichender Wahrscheinlichkeit feststellen lässt, dass ein Schaden in der näheren Zukunft tatsächlich entstehen wird.[223]

V.1.3 Zollfahndungsdienstgesetz

Anders als das BKA, wird das ZKA und die Zollfahndungsämter nicht explizit durch eine spezialgesetzliche Regelung im ZFdG zur Quellen-TKÜ oder zur Online-Durchsuchung ermächtigt. Dennoch bestätigte die Bundesregierung, dass der Zollfahndungsdienst diese Maßnahmen im Rahmen seiner Aufgabenerfüllung ausübt.[224] Entsprechende Maßnahmen zur Gefahrenabwehr werden dabei regelmäßig auf § 23a ZFdG gestützt.[225] Hiernach sind Eingriffe in das Fernmeldegeheimnis durch das ZKA gerechtfertigt, wenn Tatsachen die Annahme rechtfertigen, dass Personen bestimmte Straftaten nach dem

---

[222] *Kugelmann*, in: Nomos-BR BKAG § 20k Rn. 1.

[223] *Roggan*, Online-Durchsuchung, S. 112.

[224] BT-Drs. 17/7760, S 4., 11 ff.

[225] *Schwabenhauer*, Heimliche Grundrechtseingriffe, S. 71.

Kriegswaffenkontrollgesetz[226] vorbereiten. Der Begriff der Vorbereitungshandlung ist, anders als im BKAG, in § 23a Abs. 2 ZFdG definiert. Danach bezeichnet die Vorbereitung einer Straftat eine Handlung, die darauf gerichtet ist, Straftaten zu begehen, das geschützte Rechtsgut aber nicht unmittelbar gefährdet. Darunter fallen insbesondere das Führen von Verhandlungen über die Lieferung von Gütern oder das Erbringen von Dienstleistungen, das Anbieten, der Erwerb, die Herstellung oder die Überlassung von Gütern, das Anbieten von Dienstleistungen, die Beschaffung von Transportmitteln für die Lieferung von Gütern oder das Anwerben von Teilnehmern, soweit dies für die Begehung der Straftat nützlich sein soll. Ferner werden für die Zollverwaltung im Bereich der Strafverfolgungs- und Ermittlungsarbeit auch §§ 100a, 100b StPO als Rechtsgrundlagen für die Quellen-TKÜ und Online-Durchsuchung angewandt.[227]

V.1.4 Bundespolizeigesetz

Bei der Behörde ZITiS, die höchstwahrscheinlich mit der Entwicklung und Bereitstellung von Software zur Durchführung der Quellen-TKÜ und Online-Durchsuchung betraut ist, wird namentlich auch die Bundespolizei als Kunde aufgeführt.[228] Ferner war in mindestens einem Fall die Bundespolizei bei einer Quellen-TKÜ involviert, welche in Amtshilfe durch das bayerische LKA umgesetzt wurde.[229] Es verwundert daher, dass im BPolG bereits eine profunde Ermächtigung zur herkömmlichen TKÜ nicht gegeben ist. Das verfassungsrechtliche Bestimmtheitsgebot verlangt vom Gesetzgeber, dass technische Eingriffsinstrumente genau bezeichnet werden. Dadurch soll sichergestellt werden, dass der jeweilige Adressat den Inhalt der Norm klar

---

[226] Ausführungsgesetz zu Artikel 26 Abs. 2 des Grundgesetzes (KrWaffG) v. 22.11.1990, BGBl. I, 2506, zuletzt geändert durch Artikel 6 Absatz des 2 Gesetzes v. 13.4.2017, BGBl. I, 872.

[227] *Der Bundesbeauftragte für den Datenschutz und die Informationsfreiheit*, Bericht gemäß § 26 Abs. 2 Bundesdatenschutzgesetz über Maßnahmen der Quellen-Telekommunikationsüberwachung bei den Sicherheitsbehörden des Bundes, 31.01.2012, S. 14.

[228] *Zentrale Stelle für Informationstechnik im Sicherheitsbereich*, Telekommunikationsüberwachung, Internetquelle.

[229] BAYLT-Drs. 16/10082, S.2.

und deutlich erkennen kann.[230] Daher ist es zunächst fraglich, ob mit der gegenwärtigen Gesetzeslage eine von der Bundespolizei angeordnete Quellen-TKÜ und/oder Online-Durchsuchung grundsätzlich rechtskonform sein kann. § 22a BPolG ermächtigt die Bundespolizei zur Erhebung von Telekommunikationsdaten. Hierbei handelt es sich allerdings nur um den Zugriff auf Bestandsdaten (vgl. § 3 Nr. 3 TKG) und Verkehrsdaten (vgl. § 3 Nr. 30 TKG) und nicht um das tatsächlich gesprochene Wort.[231] Obschon das gesprochene Wort auf der Rechtsgrundlage des § 22a BPolG nicht aufgenommen werden darf, werden bei der Zuordnung dynamischer IP-Adressen durch den Zugriff auf Verbindungsdaten konkrete Telekommunikationsvorgänge analysiert. Bereits dies führt zu einem Eingriff in Art. 10 Abs. 1 GG,[232] denn dieser Schutz umfasst neben den Telekommunikationsinhalten auch alle näheren Umstände eines Telekommunikationsvorganges, hierzu gehört etwa wie oft und zu welchem Zeitpunkt zwischen welchen Personen Telekommunikationsverkehr stattgefunden hat oder versucht worden ist.[233] Die Aufnahme reiner Bestandsdaten führt dahingegen nicht zu einem G-10-Eingriff.[234] Die Bundespolizei ist also grundsätzlich zu bestimmten Eingriffen in das Fernmeldegeheimnis auf Grundlage des § 22a BPolG ermächtigt.[235] Die eigentliche TKÜ ist davon indes nicht erfasst. In Betracht kommt daher § 28 BPolG als Rechtsgrundlage, der die besonderen Mittel der Datenerhebung für die Bundespolizei normiert. Einschlägig erscheint hier zunächst § 28 Abs. 2 Nr. 2 lit. b BPolG, der die Bundespolizei ermächtigt, mithilfe technischer Mittel in einer für den Betroffenen nicht erkennbaren Weise das nicht öffentlich gesprochene Wort abzuhören und aufzuzeichnen. Dies bezeichnet die

---

[230] BVerfGE 112, 304, 316.

[231] *Wehr*, in: Nomos-BR BPolG § 22a Rn. 1.

[232] BVerfGE 130, 151, 181 f.

[233] vgl. BVerfGE 125, 260 Rn. 189 = NJW 2010, 833– unter Verweis auf BVerfGE 67, 157 (172) = NJW 1985, 121; BVerfGE 85, (396) = NJW 1992, 1875; BVerfGE 100, 313 (358) = NJW 2000, 55; BVerfGE 107, 299 (312) = NJW 2003, 1787; BVerfGE 115, 166 (183) = NJW 2006, 976; BVerfGE 120, 274 (307) = NJW 2008, 822; *BVerfG*, NJW 2012, 833 Rn. 198; vgl. auch *BVerfG*, NJW 2016, 1781 Rn. 103 ff. und 228 ff. = NVwZ 2016, 839.

[234] *Ellinghaus* in: Arndt/Fetzer/Scherer/Graulich, § 88 TKG Rn. 15.

[235] *Wehr*, in: Nomos-BR BPolG § 22a Rn. 2.

Wahrnehmung und Speicherung einer Äußerung, die nach dem Willen des Äußernden nicht für einen unbestimmten Personenkreis bestimmt ist,[236] auf einem Datenträger der Bundespolizei.[237] Das Abhören sowie die Aufzeichnung von Telekommunikation ist davon jedoch nicht umfasst.[238] Das verfassungsrechtliche Bestimmtheitsgebot fordert eine explizite Ermächtigung, um die Telekommunikation im engeren Sinne zu überwachen. Insbesondere bietet § 28 Abs. 3 BPolG auch nicht den notwendigen verfahrensrechtlichen Schutz, der aufgrund des Eindringens in einen besonders geschützten Bereich der Privatsphäre vorgeschrieben ist.[239] Nach dem Schluss *argumentum a minori ad maius*[240] ist der Bundespolizei zur Gefahrenabwehr nach der gegenwärtigen Gesetzeslage im BPolG also erst recht die Befugnis zur Quellen-TKÜ und Online-Durchsuchung zu negieren. Bisherige, aber insbesondere auch zukünftige (Quellen-)TKÜ-Maßnahmen und Online-Durchsuchungen, sind bei der Bundespolizei daher eher kritisch zu betrachten und können maximal zur Strafverfolgung nach den Regelungen der §§ 100a, 100b StPO durchgeführt werden.

V.1.5 Artikel 10-Gesetz

Das G10 bezieht sich auf den Art. 10 GG, der die private Fernkommunikation schützt. Dieses klassische liberale Freiheitsrecht genießt in der Bundesrepublik Deutschland grundsätzlich einen besonderen Schutz.[241] Es soll insbesondere der Fahndungs-, Aufklärungs- und Ermittlungsarbeit der Sicherheitsbehörden Grenzen setzen.[242] Hierbei soll die individuelle Fernkommunikation jedweder Art geschützt werden, insbesondere ist hier irrelevant, ob die Kommunikation politischen, geschäftlichen oder privaten

---

[236] *OLG Frankfurt/M.*, NJW 1977, 1547.

[237] *Wehr*, in: Nomos-BR BPolG § 28 Rn. 15.

[238] *Schenke*, in: Schenke/Graulich/Ruthig, BPolG, § 28 Rn. 13, 34.

[239] *Wehr*, in: Nomos-BR BPolG § 28 Rn. 16.

[240] Der Schluss vom Kleineren auf das Größere.

[241] *Ogorek*, in: BeckOK GG Art. 10.

[242] *Sievers*, Der Schutz der Kommunikation im Internet durch Art. 10 des Grundgesetzes, S. 108; *Gusy*, JuS 1986, 89 (96).

Inhalt betrifft.[243] Vom Schutzbereich gleichermaßen umfasst sind jene Datenverarbeitungs- und Informationsprozesse, die sich an die Telekommunikation anschließen. Somit sind auch etwa Zwischenspeicherungen (etwa einer E-Mail)[244] von Art. 10 GG geschützt.[245] Explizit fällt auch die Kommunikation über das Internet unter das Telekommunikationsgeheimnis.[246] Allerdings greift das Fernmeldegeheimnis nicht zwischen den Gesprächspartnern; eine von einem Gesprächspartner bereitgestellte Möglichkeit, das Gespräch zu verfolgen, ist daher legitim.[247] Führt also ein Mitarbeiter eines Nachrichtendienstes oder einer Strafverfolgungsbehörde (gegebenenfalls unter Einsatz einer Legende[248]) ein Telefongespräch mit einem Betroffenen und wird dieses von weitere Beamten mitgehört, so wird dies regelmäßig nicht in den Schutzbereich des Art. 10 GG fallen.

Nachrichtendienste stützen die Quellen-TKÜ und Online-Durchsuchung in erster Linie auf §§ 1, 3 G10.[249] Durch § 1 Abs. 1 Hs. 1 G10 wird dem BfV, den 16 LfV, dem MAD sowie dem BND unter bestimmten Voraussetzungen die Berechtigung erteilt, die Telekommunikation zur Abwehr von drohenden Gefahren für die freiheitlich demokratische Grundordnung oder den Bestand oder die Sicherheit des Bundes oder eines Landes zu überwachen und aufzuzeichnen.[250]

Eine Quellen-TKÜ ist grundsätzlich mit Art. 10 Abs. 1 GG zu vereinbaren. Voraussetzung dafür ist zunächst allerdings, dass eine entsprechende Überwachungsmaßnahme nur der Aufzeichnung und Auswertung bestimmter

---

[243] BVerfGE 67, 157, 172.

[244] *LG Hanau*, DuD 2000, 617.

[245] *BVerfG*, NJW 2000, 55.

[246] vgl. zur Online-Durchsuchung BVerfGE 120, 274 Rn. 183 = NJW 2008, 822; vgl. zu E-Mails BVerfGE 113, 348 [383] = NJW 2005, 2603; BVerfGE 124, 43 = NJW 2009, 2431.

[247] *BVerfGE* 106, 28, 37.

[248] Legenden verschleiern die tatsächliche Identität oder Absichten von Mitarbeitern der Nachrichtendienste oder Gefahrenabwehr-/Strafverfolgungsbehörden mithilfe einer vorgetäuschten Begründung von Handlungen und/oder einer veränderten Biografie.

[249] *Schwabenhauer*, Heimliche Grundrechtseingriffe, S. 71.

[250] Vgl. *Huber,* in: Erbs/Kohlhaas/Huber NDÜV § 1 Rn. 1-3.

Telekommunikationsverkehre dient.[251] Dies ist nicht im Falle von Screenshots, bei denen ein aktiv geschalteter Internet-Browser ersichtlich ist, gegeben.[252] Dieser Eingriff ist zu invasiv, da er einen zu umfassenden Einblick in die Endgerät-Nutzung und des Internets gewährt. Selbiges gilt für die Übertragung und das Kopieren außerhalb eines Telekommunikationsvorgangs gespeicherter Daten.[253]

Es kann daher konstatiert werden, dass die Quellen-TKÜ unter bestimmten Voraussetzungen durch die Nachrichtendienste des Bundes und der Länder legislativ gerechtfertigt ist. Dies gilt indes nicht für die Online-Durchsuchung, da dieser Eingriff als zu invasiv zu qualifizieren ist, um mit dem G10 als normativer Grundlage vereinbar zu sein. Fraglich ist daher, ob die Inlandsnachrichtendienste im spezialgesetzlichen BVerfSchG entsprechende normative Grundlagen für die Online-Durchsuchung besitzen.

V.1.6 Bundesverfassungsschutzgesetz

Das BfV wendet bereits seit spätestens 2011 die Quellen-TKÜ an.[254] Die Anzahl der durchgeführten Maßnahmen durch das BfV wird indes aus geheimschutzrechtlichen Erwägungen nicht öffentlich kommuniziert.[255] Als Ermächtigungsgrundlage für die Quellen-TKÜ und Online-Durchsuchung kommt zunächst § 8 Abs. 2 S. 1 BVerfSchG in Betracht. Hiernach darf das BfV Methoden, Gegenstände und Instrumente zur heimlichen Informationsbeschaffung anwenden. Hierzu zählen auch Bild- und Tonaufzeichnungen. Diese Regelung ist allerdings vage gehalten; eine explizite Ermächtigung zur Quellen-TKÜ und Online-Durchsuchung wie in der StPO, im BKAG oder im BayVSG ist nicht gegeben. Konkreter berechtigt § 9 BVerfSchG das BfV zu

---

[251] *LG Hamburg*, Beschluss v. 13.9.2010 - 608 Qs 17/10; *Bär*, MMR *2011*, 693 (697); *LG Landshut* NStZ *2011*, 479; vgl. auch *LG Landshut* Beschluss v. 25. 1. 2011 – 4 Qs 346/10 BeckRS *2011*, 02 317.

[252] *LG Landshut* NStZ 2011, 479, vgl. *F. I. 4. Landgericht Landshut, Beschluss vom 25.01.2011.*

[253] *Huber*, in: Erbs/Kohlhaas NDÜV § 1 Rn. 11; *AG Bayreuth*, Beschluss v. 17.9.2009 - Gs 911/09; *Bär*, MMR 2010, 266 (268), vgl. *F. I. 5. Amtsgericht Bayreuth, Beschluss vom 17.09.2009.*

[254] BT-Drs. 17/7760, S. 4.

[255] BT-Drs. 17/7760, S. 10.

bestimmten besonderen Formen der Datenerhebung personenbezogener Daten. Hierzu zählt auch die Bild- und Tonaufzeichnung, wenn diese verhältnismäßig ist (§ 9 Abs. 1 S. 2 BVerfSchG) und wenn Tatsachen die Annahme rechtfertigen, dass (1.) auf diese Weise Erkenntnisse über Bestrebungen oder Tätigkeiten im Aufgabenbereich des BfV (vgl. § 3 Abs. 1 BVerfSchG) erforscht werden können oder die Erforschung der Gewinnung von Quellen[256] dient oder (2.) die Bild- und Tonaufzeichnung zum Schutz der Mitarbeiter, Einrichtungen, Gegenstände und Quellen des BfV gegen sicherheitsgefährdende oder geheimdienstliche Tätigkeiten erforderlich ist (§ 9 Abs. 1 S. 1 BVerfSchG). Selbiges gilt unter sehr engen Voraussetzungen für das in einer Wohnung nicht öffentlich gesprochene Wort (§ 9 Abs. 2 S. 1 BVerfSchG) sowie für Bildaufnahmen und Bildaufzeichnungen in einer Wohnung (§ 9 Abs. 2 S. 2 BVerfSchG).

Das Abhören und Aufzeichnen des nicht öffentlich gesprochenen Wortes mithilfe des verdeckten Einsatzes technischer Mittel ist folglich für das BfV neben dem G10 auch auf Grundlage des BVerfSchG möglich. Ob von dieser allgemeinen Regelung allerdings auch die Quellen-TKÜ und Online-Durchsuchung umfasst ist, ist fraglich. Es muss hier festgestellt werden, dass diese Regelung zu ungenau und daher nur schwerlich mit dem verfassungsrechtlichen Bestimmtheitsgebot zu vereinbaren ist. Bisherige Entwürfe eines Gesetzes zur Änderung des BVerfSchG, welches die Quellen-TKÜ[257] und Online-Durchsuchung[258] explizit in das BVerfSchG implementieren soll, wurden bisher nicht umgesetzt, allerdings werden diese gegebenenfalls in der neuen Legislaturperiode wieder aufgegriffen.[259]

Auch der militärische Nachrichtendienst MAD darf zur Erfüllung seiner Aufgaben personenbezogene Daten durch Bild- und Tonaufnahmen erheben, verarbeiten und nutzen (§ 4 Abs. 1 MADG i.V.m. § 8 Abs. 2 BVerfSchG). Auch die Regelungen zu den besonderen Formen der Datenerhebung sind

---

[256] Hiermit sind regelmäßig menschliche Quellen (HUMINT) gemeint; dies können zum Beispiel V-Personen, Informanten oder Agenten fremder Nachrichtendienste sein.

[257] BR-Drs. 228/17.

[258] BR-Drs. 227/17.

[259] *Kriminalpolitische Zeitschrift*, Quellen-TKÜ, Internetquelle.

zwischen BfV und MAD äquivalent (§ 5 MADG i.V.m. § 9 BVerfSchG). Für den MAD gelten also alle formulierten Maßgaben entsprechend.

Es kann somit resümiert werden, dass für die Inlandsnachrichtendienste des Bundes gegenwärtig weder im G10 noch im BVerfSchG eine ausdrückliche Ermächtigung zur Quellen-TKÜ und Online-Durchsuchung vorliegt. Entsprechende Maßnahmen werden bisher auf die Rechtsgrundlagen für die gewöhnliche TKÜ gestützt. Dies muss kritisch gesehen werden und wird zu späterer Stelle genauer problematisiert.[260]

V.2 Landesrecht

Nachdem die bundesrechtlichen Grundlagen für die Quellen-TKÜ und Online-Durchsuchung skizziert wurden, soll nun noch kurz auf das diesbezügliche Landesrecht eingegangen werden. Da aus Platzgründen nicht alle Landesbehörden einzeln aufgeführt werden können, erfolgt die Unterteilung allgemein in Strafverfolgungs-/Gefahrenabwehrbehörden und Nachrichtendienste der Länder.

V.2.1 Strafverfolgungs- und Gefahrenabwehrbehörden der Länder

Die Ermächtigungen für die Anwendung der Quellen-TKÜ und Online-Durchsuchung finden sich in den jeweiligen Polizeigesetzen der Länder. Zwischenzeitlich erlassene Vorschriften zur Quellen-TKÜ finden sich in § 34a Abs. 2 Satz 2 ThürPAG[261], § 31 Abs. 3 RhPfPOG[262], § 15b HSOG[263], Art. 42 Abs. 2 BayPAG[264]; Regelungen zur Online-Durchsuchung sind bisher in § 31c RhPf-POG und Art. 45 Abs. 1 BayPAG geregelt.

---

[260] Vgl. *G. IV. Implementierung der Quellen-Telekommunikationsüberwachung in das Artikel 10-Gesetz, Bundesverfassungsschutzgesetz und das Zollfahndungsdienstgesetz.*

[261] Thüringer Gesetz über die Aufgaben und Befugnisse der Polizei (ThürPAG) v. 04.06.1992, GVBl. 1992, 199, zuletzt geändert durch Artikel 6 des Gesetzes v. 08.08.2014, GVBl., 529.

[262] Polizei- und Ordnungsbehördengesetz Rheinland-Pfalz (RhPfPOG) v. 10.11.1993, GVBl. R-P 1993, 595, zuletzt geändert durch Artikel 1 des Gesetzes v. 22.09.2017, GVBl. R-P, 237.

[263] Hessisches Gesetz über die öffentliche Sicherheit und Ordnung (HSOG) v. 14.01.2005, GVBL. I, 14, zuletzt geändert durch Artikel 7 des Gesetzes v. 28.09.2015, GVBL. I, 346.

[264] Gesetz über die Aufgaben und Befugnisse der Bayerischen Staatlichen Polizei (BayPAG) v. 14.09.1990, GVBl. 397, zuletzt geändert durch § 1 des Gesetzes v. 18.05.2018, GVBl., 301.

Die Umsetzung der Quellen-TKÜ und Online-Durchsuchung wird dabei regelmäßig durch das jeweilige LKA ausgeübt.[265] Auffällig bei der Analyse der landespolizeilichen Gesetze ist, dass die (Quellen-)TKÜ teilweise nur repressiv
zur Strafverfolgung, zum Teil aber auch präventiv zur Gefahrenabwehr eingesetzt werden darf. Die präventive (Quellen-)TKÜ findet sich gegenwärtig
neben dem Freistaat Bayern als Landesgesetz noch in den Bundesländern
Brandenburg (§ 33b Abs. 1 BbgPolG[266]), Hamburg (§ 10b Abs. 1 DVPolG[267]),
Hessen (§ 15a Abs. 1 HSOG), Mecklenburg-Vorpommern (§ 34a Abs. 1, 2 SOG
M-V[268]), Niedersachsen (§ 33a Abs. 1, 2 Nr. 1 Nds. SOG[269]), Rheinland-Pfalz (§
31 Abs. 1, 2 RhPfPOG), Saarland (§ 28b Abs. 1 SPolG[270]), Sachsen-Anhalt (§
17b Abs. 1 SOG LSA[271]), Schleswig-Holstein (§ 185a Abs. 1, 2 Nr. 1 LVwG[272])
sowie Thüringen (§ 34a ThürPAG). Die (Quellen-)TKÜ als präventiv-polizeiliche Maßnahme findet sich bis dato nicht in den landespolizeigesetzlichen
Regelungen der Bundesländer Baden-Württemberg, Berlin, Bremen, Nordrhein-Westfalen sowie Sachsen. Im Ergebnis ist also in 10 von 16 Landesge-
setzen eine normative Grundlage für eine präventiv-polizeiliche TK-Überwa-
chungsmaßnahme, die mitunter die Quellen-TKÜ mit einschließt,
aufzufinden. Dabei wird nicht immer zwischen der herkömmlichen TKÜ und

---

[265] Vgl. *D. I. 2. Landeskriminalämter.*

[266] Brandenburgisches Polizeigesetz (BbgPolG) v. 19.03.1996, GVBl. I, 96, zuletzt geändert durch
Artikel 14 des Gesetzes v. 25.01.2016, GVBl. I, 16.

[267] Gesetz über die Datenverarbeitung der Polizei (DVPolG) v. 02.05.1991, HmbGVBl. 1991, 187,
zuletzt geändert durch Artikel 1 des Gesetzes v. 08.12.2016, HmbGVBl., 514.

[268] Gesetz über die öffentliche Sicherheit und Ordnung in Mecklenburg-Vorpommern (SOG M-V)
v. 09.05.2011, GVOBl. M-V 2011, 246, zuletzt geändert durch §§ 32a sowie §§ 67a bis 67d des
Gesetzes v. 22.03.2018, GVOBl. M-V, 114.

[269] Niedersächsisches Gesetz über die öffentliche Sicherheit und Ordnung (Nds. SOG) v.
19.01.2005, Nds. GVBl. 2005, 9, zuletzt geändert durch Artikel 2 des Gesetzes v. 06.04.2017,
Nds. GVBl., 106.

[270] Saarländisches Polizeigesetz (SPolG) v. 26.03.2001, Amtsbl., 1074, zuletzt geändert durch das
Gesetz v. 15.03.2017, Amtsbl. I, 486.

[271] Gesetz über die öffentliche Sicherheit und Ordnung des Landes Sachsen-Anhalt (SOG LSA) v.
20.05.2015, GVBl. LSA 2014, 182, zuletzt geändert durch § 1 des Gesetzes v. 12.07.2017,
GVBl. LSA, 130.

[272] Allgemeines Verwaltungsgesetz für das Land Schleswig-Holstein (LVwG) v. 02.06.1992,
GVOBl. Schl.-H. 1992, 243, zuletzt geändert durch Artikel 1 Gesetzes v. 05.04.2017, GVOBl.
Schl.-H., 218.

der Quellen-TKÜ unterschieden. Sollte eine explizite gesetzliche Befugnis indes nicht gegeben sein, heißt dies nicht, dass unter Umständen eine Quellen-
TKÜ nichtsdestotrotz eingesetzt wird. So besitzt beispielsweise auch der
Zollfahndungsdienst keine explizite Ermächtigung zur Quellen-TKÜ und setzt
entsprechende Maßnahmen trotzdem ein, wie die Bundesregierung ein-
räumte.[273] Es empfiehlt sich aufgrund der stark unterschiedlichen Regelungen dringend eine Harmonisierung der Landespolizeigesetze.[274]

V.2.2 Nachrichtendienste der Länder

Jedes der 16 LfV besitzt eine eigene gesetzliche Grundlage, die sich im Aufgabenbereich und bei den jeweiligen Befugnissen bisweilen stark unterschei-
den. Dies gilt insbesondere auch für die Legitimation bezüglich der Anwendung der Quellen-TKÜ und Online-Durchsuchung. Seit dem 01. 08. 2016 ist
das LfV Bayern die einzige Landesverfassungsschutzbehörde, die unter den
Voraussetzungen des § 3 G10 mit technischen Mitteln verdeckt auf informationstechnische System zugreifen darf, wenn ausschließlich laufende Kommunikation überwacht und aufgezeichnet wird, um so die Überwachung und
Aufzeichnung in unverschlüsselter Form zu ermöglichen (Art. 13 Abs. 1
BayVSG – Quellen-TKÜ). Ferner darf das LfV Bayern mit technischen Mitteln
verdeckt auf informationstechnische Systeme zugreifen, um Zugangsdaten
und verarbeitete Daten zu erheben oder Kennungen sowie den Standort eines informationstechnischen Systems zu ermitteln (Art. 10 Abs. 1 BayVSG –
Online-Durchsuchung). Die maßgebliche Voraussetzung für die Anwendung
der Online-Durchsuchung durch das LfV Bayern ist das Vorliegen tatsächlicher Anhaltspunkte für eine dringende Gefahr für (1.) den Bestand oder die
Sicherheit des Bundes oder eines Landes, (2.) Leib, Leben oder Freiheit einer
Person oder (3.) Sachen von bedeutendem Wert, deren Erhaltung im öffentlichen Interesse geboten ist (Art. 9 S. 1 BayVSG).

Bereits am 20. 12. 2006 hat die damalige Landesregierung bestehend aus
CDU aus FDP gegen den Widerstand der SPD in NRW ein novelliertes

---

[273] BT-Drs. 17/7760, S. 4.

[274] Vgl. *G. III. Harmonisierung der Landespolizeigesetze und Landesverfassungsschutzgesetze.*

Verfassungsschutzgesetz (VSG NRW)[275] verabschiedet.[276] Hiernach wurde das LfV NRW zum heimlichen Beobachten und sonstigen Aufklären des Internets, insbesondere die verdeckte Teilnahme an seinen Kommunikationseinrichtungen beziehungsweise die Suche nach ihnen, sowie der heimliche Zugriff auf informationstechnische Systeme mit dem Einsatz technischer Mittel ermächtigt (§ 5 Abs. 2 Nr. 11 VSG NRW a.F.). Die Online-Durchsuchung wurde hier also erstmals kodifiziert. Die damalige Begründung der Landesregierung für diese Maßnahme wurde relativ knapp gehalten und beschränkte sich im Wesentlichen auf die Aussage, dass „zukünftig neben der Beobachtung der offenen Internetseiten auch die legendierte Teilnahme an Chats, Auktionen und Tauschbörsen, die Feststellung der Domain-Inhaber, die Überprüfung der Homepagezugriffe, das Auffinden verborgener Websites sowie der Zugriff auf gespeicherte Computerdaten ermöglicht werden"[277] solle. Auf die Online-Durchsuchung wurde sohin nur mit einem Halbsatz eingegangen.[278] Durch die zusätzlichen Befugnisse sollte eine wirksame Nachrichtenbeschaffung auch in einem veränderten technischen Umfeld sichergestellt werden.[279] Allerdings wurde aufgrund der Entscheidung des BVerfG vom 27. 02. 2008[280] § 5 Abs. 2 Nr. 11 VSG NRW a.F. als unvereinbar mit Art. 2 Abs. 1 GG i.V.m. Art. 1 Abs. 1 GG, Art. 10 Abs. 1 GG und Art. 19 Abs. 1 S. 2 GG erklärt. Die Entscheidungsformel hatte in diesem Fall gemäß § 31 Abs. 2 BVerfGG[281] Gesetzeskraft. Die Online-Durchsuchung durch das LfV NRW war folglich unzulässig und entsprechende Anordnungen nichtig. Ab dem 01. 01. 2012 bis zum 27. 06. 2013 wurde § 5 Abs. 2 Nr. 11 VSG NRW a.F.[282] dahingehend

---

[275] VSG NRW v. 20.12.2006, GV NRW, 620.

[276] *Kaufmann*, MMR 2007, Heft 2, XII.

[277] LT-Drs. 14/2211, S. 17.

[278] Die weiteren Maßnahmen besitzen eigene Problematiken, die an dieser Stelle jedoch nicht diskutiert werden können.

[279] *Sokol*, in: Michalke/Köberer/Pauly J. et al. (Hrsg.), FS Rainer Hamm, S. 719 (732).

[280] *BVerfG*, Urteil v. 27.02.2008, 1 BvR 370/07, 1 BvR 595/07, BVerfGE 120, 274 (350) = NJW 2008, 822.

[281] Gesetz über das Bundesverfassungsgericht (BVerfGG) v. 11.08.1993, BGBl. I, 1473, zuletzt geändert durch Gesetz v. 08.10.2017, BGBl. I, 3546, m.W.v. 18.04.2018.

[282] VSG NRW v. 13.12.2011, GV NRW, 684.

geändert, dass Methoden, Gegenstände und Instrumente zur Überwachung des Brief- Post- und Fernmeldeverkehrs, welche der heimlichen Informationsbeschaffung dienen, gestattet wurden. Hierzu zählte insbesondere das sonstige Eindringen in technische Kommunikationsbeziehungen durch Bild-, Ton- und Datenaufzeichnungen. Seit dem 27. 06. 2013[283] wird die Online-Durchsuchung in § 5 Abs. 2 Nr. 11 VSG NRW explizit ausgeschlossen. Stattdessen wurde allerdings der Zugriff auf zugangsgesicherte Telekommunikationsinhalte und sonstige Informations- und Kommunikationsinhalte im Internet auf dem technisch hierfür für jeden Nutzer vorgesehenen Weg, ohne selbst Kommunikationsadressat und ohne von den an der Kommunikation teilnehmenden Person hierzu autorisiert zu sein, ermöglicht (§ 5 Abs. 2 Nr. 11 VSG NRW n.F.).

Erwähnenswert ist hierbei, dass NRW das Bundesland mit den meisten Salafisten ist und daher eine wirkungsvolle und eindeutige Regelung zur Quellen-TKÜ dringend geboten ist. So wurden im Jahr 2015 approximativ 2.500 Salafisten in NRW lokalisiert. In Hessen - als Bundesland mit den zweitmeisten Salafisten – beträgt dieses Personenpotenzial circa 1.650 Personen. Im Freistaat Bayern, das unstrittig den stärksten und mächtigsten Landesverfassungsschutz aufweist, leben hingegen „nur" etwa 630 Salafisten.[284] Es gilt daher, besonders in NRW den Verfassungsschutz zu stärken und Klarheit im Hinblick auf die Anwendung der Quellen-TKÜ zu schaffen, um so eine (technisch) angemessene Nachrichtenbeschaffung sicherstellen zu können, so dass drohende Gefahren frühzeitig erkannt werden können. Diese Maßgabe entfällt allerdings für die Befugnis zur Anwendung der Online-Durchsuchung.[285]

Ferner soll auch das LfV Hessen mit der Kompetenz zur Anwendung der Quellen-TKÜ und Online-Durchsuchung ausgestattet werden. Hessens Innenminister Peter Beuth begründete den Vorschlag damit, dass schwerste

---

[283] VSG NRW v. 21.06.2013, GV NRW, 335.

[284] Focus, Nr. 26, 25.06.2016, S. 15.

[285] Vgl. *G. I. Verfassungswidrigkeit der Online-Durchsuchung für Nachrichtendienste.*

Straftaten und Terrorismus durch die Quellen-TKÜ und Online-Durchsuchung verhindert werden könnten. Es solle dabei nicht „um die Überwachung unbescholtener Bürger [gehen], sondern darum, Links- oder Rechtsextremisten so früh wie möglich das Handwerk zulegen"[286]. Ferner könnten die digitalen Probleme der Informationsgesellschaft nicht mehr mit klassischen analogen Werkzeugen gelöst werden, wodurch eine Novellierung des HVSG notwendig sei.[287] In der Landtagsanhörung zum schwarz-grünen HVSG-E[288] wurden die dort aufgeführten Maßnahmen allerdings höchst kritisch beurteilt, so wiesen fast alle 25 geladenen Experten auf (teils erhebliche) Mängel im Gesetzesentwurf hin.[289]

Kritisch kann insbesondere angesehen werden, dass die Online-Durchsuchung für das LfV Hessen ermöglicht werden soll, wenn eine <u>dringende Gefahr</u> für die in § 7 Nr. 1 – 3 HVSG-E genannten Rechtsgüter vorliegt. Die Auslegung der dringenden Gefahr ist dabei strittig. So ist fraglich, ob die dringende Gefahr einer erheblichen Gefahr[290] oder einer gegenwärtigen erheblichen Gefahr entspricht[291].[292] Eine erhebliche Gefahr ist eine Gefahr für ein bedeutsames Rechtsgut, wie etwa den Bestand des Staates, Leben, Gesundheit und Freiheit einer Person, nicht unwesentliche Vermögenswerte sowie andere strafrechtlich geschützte Güter (vgl. § 2 Nr. 1 lit. c Nds. SOG). Da die Abwehr von Gefahren gegen diese Rechtsgüter die originäre Aufgabe der Verfassungsschutzbehörden ist, würde faktisch ein wesentlicher Teil ihrer Beobachtungsobjekte als dringende Gefahr qualifiziert werden. Eine dringende Gefahr sollte folglich nicht mit einer erheblichen Gefahr gleichgesetzt werden. Der Aspekt der Gegenwärtigkeit ist daher bei der Beurteilung, ob

---

[286] *Hessisches Ministerium des Innern und für Sport*, Eckpunkte für neues Verfassungsschutzgesetz vorgestellt, <u>Internetquelle</u>.

[287] Hessisches Ministerium des Innern und für Sport, Eckpunkte für neues Verfassungsschutzgesetz vorgestellt, Internetquelle.

[288] Gesetzentwurf für ein Gesetz zur Neuausrichtung des Verfassungsschutzes in Hessen.

[289] Hessischer Landtag, INA 19/86 – 08.02.2018.

[290] So BVERWGE 47, 31 = NJW 1975, 130.

[291] Bejahend *Denninger*, in: Lisken/Denninger PolR-HdB, Kap. D Rn. 63.

[292] *Ullrich*, in: BeckOK PolR Nds. SOG § 2 Rn. 87.

eine dringende Gefahr vorliegt, stets zu berücksichtigen. Für die Beurteilung der Gegenwärtigkeit ist maßgeblich, ob sofortiges Handeln zur Abwehr des Schadens notwendig ist.[293] Eine Gefahr ist im Ergebnis als gegenwärtig zu werten, wenn sie zu einem späteren Zeitpunkt nur noch unter erheblichen Risiken oder gar nicht mehr abgewendet werden könnte.[294]

Problematisch ist hierbei, dass bei der festgestellten Definition der dringenden Gefahr Exekutivbefugnisse erforderlich sind, um derart akute Bedrohungen abwehren zu können. Daher ist in diesem Stadium der Gefahr stets die Polizei und nicht mehr die Verfassungsschutzbehörde zuständig. Die Regelungen im BayVSG und HVSG-E zur Online-Durchsuchung sind daher kritisch zu betrachten.[295]

V.3 Zwischenergebnis zur Gesetzeslage

Es kann zunächst festgehalten werden, dass de lege lata für die Inlandsnachrichtendienste weder im G10 noch im BVerfSchG eine hinreichende gesetzliche Grundlage für die Quellen-TKÜ und die Online-Durchsuchung aufzufinden ist. Obschon zumindest die Quellen-TKÜ (über den Einsatz der Online-Durchsuchung geben die Nachrichtendienste keine öffentliche Auskunft) zur Erfüllung des Auftrages des BfV eingesetzt wird, ist die juristische Grundlage dafür zu ungenau und hält einer genauen rechtlichen Betrachtung nicht stand.

Es empfiehlt sich dringend, die gebotene Rechtssicherheit legislativ herzustellen, indem die Befugnis des BfV und des MAD zur Quellen-TKÜ explizit im G10 und BVerfSchG normiert wird. Dies führte zu der verfassungsrechtlich notwendigen Normenklarheit und Bestimmtheit bei der Anwendung der Quellen-TKÜ. Dass die Gefahr einer Quellen-TKÜ bei den Beobachtungsobjekten eine Änderung von strafrechtlich relevantem Verhalten bewirkt, ist jedoch unwahrscheinlich. Daher muss an dieser Stelle auch festgehalten

---

[293] *Neumann*, in: Kindhäuser/Neumann/Paeffgen, StGB, Rn. 56

[294] Ebd.

[295] Für die finale Beurteilung vgl. *G. I. Verfassungswidrigkeit der Online-Durchsuchung für Nachrichtendienste.*

werden, dass aus generalpräventiven Gesichtspunkten keine Änderung von delinquentem Individualverhalten zu erwarten ist.

Ferner sind die Befugnisse zwischen den einzelnen LfV stark unterschiedlich ausgeprägt, das sich in besonderem Maße bei der Möglichkeit der Anwendung der Quellen-TKÜ und Online-Durchsuchung zeigt.

Der aktuelle Koalitionsvertrag zwischen CDU, CSU und SPD hat diese Problematik erkannt und zielt darauf ab, die Befugnisse der Verfassungsschutzbehörden der Länder und des Bundes stärker zu vereinheitlichen. Hierbei soll ein Schwerpunkt auf der Datenerhebung liegen. Gelingen soll dies durch eine Novellierung des BVerfSchG auf der Grundlage eines einheitlichen Rechtsrahmens der IMK.[296] Dies wird von einigen Seiten, insbesondere von Teilen der parlamentarischen Opposition, bereits kritisch betrachtet. So kritisierte etwa Irene Mihalic von der Fraktion Bündnis 90/ Die Grünen, dass der „Werkzeugkasten des Verfassungsschutzes bereits prall gefüllt [sei]" und es „ein Fehler [wäre], noch mehr Befugnisse zur Überwachung von Bürgern zu verschaffen"[297]. Aufgrund der geplanten Kompetenzerweiterung des BfV soll eine gleichzeitige und entsprechende Ausweitung der parlamentarischen Kontrolle durch das Parlamentarische Kontrollgremium (PKGr) [298] erfolgen.[299] Dies kann als ein Indiz gewertet werden, dass mit der geplanten Novellierung des BVerfSchG die Quellen-TKÜ (und gegebenenfalls sogar die Online-Durchsuchung) für das BfV und den MAD gesetzlich normiert werden.

Explizit stellt der Koalitionsvertrag klar, dass „die Sicherheitsbehörden ihre bestehenden Befugnisse auch in der digitalen Welt anwenden und tatsächlich

---

[296] Ein neuer Aufbruch für Europa Eine neue Dynamik für Deutschland Ein neuer Zusammenhalt für unser Land, Koalitionsvertrag zwischen CDU, CSU und SPD, 07.02.2018, S. 127.

[297] *Die Tageszeitung*, Der geheime Gewinner, <u>Internetquelle</u>.

[298] Als Organ mit sieben Mitgliedern des Bundestages oder eines Landesparlamentes soll das PKGr die Arbeit der Nachrichtendienste überwachen. Somit kann die Legislative die Arbeit der Exekutive überprüfen. Eine rechtsstaatliche parlamentarische Kontrolle findet als auch im nachrichtendienstlichen Bereich statt (Art. 45d GG).

[299] Ein neuer Aufbruch für Europa Eine neue Dynamik für Deutschland Ein neuer Zusammenhalt für unser Land, Koalitionsvertrag zwischen CDU, CSU und SPD, 07.02.2018, S. 127.

durchsetzen"[300] sollen. Ferner sollen die Polizeibehörden der Länder bei Eingriffen in das Fernmeldegeheimnis zum Schutz der Bevölkerung gleichwertige Befugnisse bei der Überwachung verschlüsselter und nicht-verschlüsselter Kommunikation erhalten.[301] Hierbei muss kritisch betrachtet werden, dass im Koalitionsvertrag zunächst allgemein von Sicherheitsbehörden die Rede ist. Hiervon umfasst sind sowohl Strafverfolgungs-/Gefahrenabwehrbehörden sowie Nachrichtendienste. Bei der konkreten Forderung nach der Quellen-TKÜ wird indes ausschließlich die Polizei als Anwendungsberechtigter genannt. Für die Nachrichtendienste besteht hier weiterhin eine gewisse Unklarheit respektive Rechtsunsicherheit. Auch der Zollfahndungsdienst wird im Koalitionsvertrag in Bezug auf die Quellen-TKÜ nicht namentlich benannt.

Auch die Polizeigesetze der Länder sind hinsichtlich der Quellen-TKÜ und Online-Durchsuchung gegenwärtig nicht einheitlich. Ziel und de lege ferenda sollte hier ein Musterpolizeigesetz (MEPolG) sein, welches Klarheit über die Befugnis zur Anwendung der Quellen-TKÜ und Online-Durchsuchung gibt. Dies gilt insbesondere auch unter dem Aspekt, ob diese Maßnahmen nur zur Strafverfolgung oder auch zur Gefahrenabwehr eingesetzt werden dürfen. Auch dieses Problem wurde im Koalitionsvertrag erkannt. So soll es in Zukunft „keine Zonen unterschiedlicher Sicherheit in Deutschland"[302] mehr geben. Daher soll unter Mithilfe der IMK ein gemeinsames MEPolG erarbeitet werden.[303]

Auf den ersten Blick wird viel für eine Vereinheitlichung der Rechtsgrundlagen für die Quellen-TKÜ und Online-Durchsuchung von der „Großen Koalition" angestrebt. Allerdings muss hierbei noch kritisiert werden, dass gegenwärtig keine ernsthafte Bestrebung ersichtlich ist, um die Nachrichtendienste – anders als die Polizei – ausdrücklich zur Quellen-TKÜ

---

[300] Ein neuer Aufbruch für Europa Eine neue Dynamik für Deutschland Ein neuer Zusammenhalt für unser Land, Koalitionsvertrag zwischen CDU, CSU und SPD, 07.02.2018, S. 128.

[301] Ein neuer Aufbruch für Europa Eine neue Dynamik für Deutschland Ein neuer Zusammenhalt für unser Land, Koalitionsvertrag zwischen CDU, CSU und SPD, 07.02.2018, S. 127.

[302] Ein neuer Aufbruch für Europa Eine neue Dynamik für Deutschland Ein neuer Zusammenhalt für unser Land, Koalitionsvertrag zwischen CDU, CSU und SPD, 07.02.2018, S. 126.

[303] Ebd.

zu befugen. Es erscheint daher möglich, dass die bestehende Rechtsunsicherheit im nachrichtendienstlichen Bereich in dieser Legislaturperiode weiterhin bestehen bleibt.

V.4 Allgemeine gesetzesübergreifende Grundsätze der Quellen-Telekommunikationsüberwachung und Online-Durchsuchung

Es wurde aufgezeigt, dass unterschiedliche gesetzliche Grundlagen für die Quellen-TKÜ und Online-Durchsuchung existieren. Diese bauen auf bestimmten Grundsätzen, die immanent in allen normativen Regelungen gleichermaßen bestehen. Diese allgemeinen Anforderungen sollen an dieser Stelle kursorisch erläutert werden, um so die Skizzierung der Rechtsgrundlagen für eine Anwendung der Quellen-TKÜ und Online-Durchsuchung abzurunden.

V.4.1 Verhältnismäßigkeit

Obschon die Verhältnismäßigkeit des Verwaltungshandelns nicht explizit im GG benannt ist, hat sich dieser Grundsatz zur zentralen Figur bei Eingriffen in Grundrechte entwickelt.[304] Grundrechte (im konkreten Fall also insbesondere Art. 10 GG) gelten nicht absolut, sondern unterliegen bestimmten Schranken. Hierbei darf allerdings der grundrechtliche Schutz nicht konterkariert werden. Als Lösung bietet der Verhältnismäßigkeitsgrundsatz an, dass Eingriffe in Grundrechte nicht an sich unzulässig sind, es jedoch kein Übermaß derer geben darf.[305] Daher wird der Grundsatz der Verhältnismäßigkeit auch Übermaßverbot genannt.[306] Im Spannungsverhältnis zwischen dem kollektivem Interesse (hier also das Allgemeininteresse an öffentlicher Sicherheit) und individuellen Rechten (hier insbesondere Art. 2 Abs. 1 GG i.V.m. Art. 1 Abs 1 GG sowie Art. 10 Abs. 1 GG) ist der Verhältnismäßigkeitsgrundsatz als Ausdruck des Rechtsstaatsprinzips anzusehen.[307] Der

---

[304] *Huster/Rux*, in: BeckOK GG Art. 20 Rn. 189.

[305] *Huster/Rux*, in: BeckOK GG Art. 20 Rn. 189 f.

[306] BVerfGE 125, 141 (168); *Ossenbühl*, in: Erichsen/Ehlers (Hrsg.), Allgemeines Verwaltungsrecht, § 6 Rn. 87; *Mehde*, in: Maunz/Dürig GG Art. 28 Abs. 2 Rn. 120.

[307] BVerfGE 61, 126 (134) = NJW 1983, 559; BVerfGE 69, 1 (35) = NJW 1985, 1519; BVerfGE 111, 54 (82) = NJW 2005, 126).

Grundsatz der Verhältnismäßigkeit ergibt sich bisweilen allerdings auch direkt aus den Grundrechten.[308] Es gilt dementsprechend stets abzuwägen, ob eine Maßnahme zur Quellen-TKÜ oder Online-Durchsuchung verhältnismäßig ist.

Damit die Verhältnismäßigkeit im Falle der Quellen-TKÜ und Online-Durchsuchung gewahrt bleibt, gilt als Voraussetzung grundsätzlich, dass die Gefahrenabwehr auf andere Weise aussichtslos oder wesentlich erschwert wäre (vgl. exemplarisch § 10b Abs. 1 S. 2 DVPolG HH, § 51 Abs. 1 BKAG). Zwischen den einzelnen Bundesländern finden sich hierbei leicht unterschiedliche Regelungen. In Niedersachsen etwa wird bei der Beurteilung der Verhältnismäßigkeit zwischen Verantwortlichen (§ 33 Abs. 1 Nr. 1 Nds. SOG – „auf andere Weise nicht möglich") und Nichtverantwortlichen (§ 33 Abs. 1 Nr. 2 Nds. SOG – „unerlässlich") unterschieden. In Hessen hingegen muss die Maßnahme gemäß § 15a Abs. 1 S. 1 HSOG stets unerlässlich sein, um als verhältnismäßig zu gelten.[309]

V.4.2 Kernbereich privater Lebensgestaltung

Die Quellen-TKÜ und in die Online-Durchsuchung darf grundsätzlich nicht in den Kernbereich privater Lebensgestaltung des Betroffenen eindringen (vgl. etwa § 5 Abs. 1 S. 1 VSG NRW).

Zum Kernbereich privater Lebensgestaltung gehören jene Sphären, die Dritte oder die Gemeinschaft nur mit äußerst geringer Intensität berühren.[310] Dazu zählen zum Beispiel Gespräche unter engsten Familienangehörigen über der Intimsphäre zuzuordnende Themen[311] sowie bestimmte Ausdrucksformen der Sexualität und Äußerungen intimster Gefühle.[312] Dieser „absolut" geschützte Kernbereich ist Bestandteil der Menschenwürde (Art. 1 Abs. 1 GG)

---

[308] BVerfGE 76, 1 (50) mwN = NJW 1988, 626.

[309] BT-WD 3 - 3000 - 020/17, Vergleich ausgewählter präventivpolizeilicher Standardmaßnahmen im Recht des Bundes und der Länder, S. 13.

[310] *Hillgruber*, in: BeckOK GG Art. 1 Rn. 27.

[311] Vgl. BVerfGE 109, 279 (313 ff., 319 ff.) = NJW 2004, 999 (1002 f.); BVerfGE 130, 1 (22) = NJW 2012, 907 (908); *Hofmann*, in: Schmidt-Bleibtreu/Hofmann/Henneke Rn. 51.

[312] BVerfGE 109, 279 (313); 119, 1 (29 f.); 130, 1 (22); *Gersdorf*, in: BeckOK InfoMedienR Rn. 44.

und somit ein Teil des wichtigsten Grundsatzes des deutschen Rechts- und Wertesystems.

Sicherheitsbehörden dürfen in diesen Bereich grundsätzlich nicht eindringen; eine Güterabwägung ist hier folglich nicht statthaft.[313] Daher ist der Kernbereich privater Lebensgestaltung anscheinend der staatlichen Überwachung absolut und final entzogen.[314] Bestehen allerdings tatsächliche Anhaltspunkte dafür, dass Daten die den Kernbereich privater Lebensgestaltung betreffen, bei der Informationsgewinnung betroffen sind, diese jedoch nur zum Zweck der Herbeiführung eines Erhebungsverbotes respektive dessen Unterbrechung dienen sollen, so bleibt die Datenerhebung weiterhin zulässig.[315] Bei einer bewussten Verknüpfung von Inhalten aus dem Kernbereich der privaten Lebensgestaltung mit auf Straftaten bezogenen Kommunikationsinhalten, entfällt sonach faktisch der „absolute" Kernbereichsschutz.[316] Relevant kann dies exemplarisch im Bereich schwerer Straftaten gegen die sexuelle Selbstbestimmung von Kindern und Jugendlichen (§§ 176 ff. StGB) sowie im Bereich der Kinder- und Jugendpornographie (§§ 184 ff. StGB) sein. Ferner genießt etwa der Informations- und Meinungsaustausch in einem Chatforum für Pädophile keinen Kernbereichsschutz, auch wenn dort Kernbereichsinformationen geteilt werden.[317] Ein Entfall des Kernbereichsschutzes liegt in der Regel bereits dann vor, wenn ein Anlasstatbestand der Katalogstraftaten des § 100a Abs. 2 StPO vorliegt beziehungsweise ein solcher geplant wird.[318]

Selbst die im juristischen Schrifttum häufig als unabdingbar bezeichnete Regelung zum Schutz des Kernbereiches privater Lebensgestaltung kann unter bestimmten Voraussetzungen also abbedungen werden. Diese Maßgabe erscheint notwendig und ist insbesondere auch, jedoch nicht nur, aus Sicht des

---

[313] BVerfGE 6, 32 (41) = NJW 1957, 297; 1980, 367 (373).

[314] BVerfGE 109, 279 (313) = NJW 2004, 999 (1002); BVerfGE 130, 1 (22) = NJW 2012, 907 (908) mwN.

[315] *Kamp*, in: BeckOK PolG NRW § 16.

[316] BVerfGE 120, 274 [338] = NJW 2008, 822; BVerfGE 109, 279 – 391 = NJW 2004, 999 (1002).

[317] *Graf*, in: BeckOK StPO § 100dNF Rn. 8.

[318] *LG Kiel* Urteil v. 6.9.2010 – 8 KLs 2/10, BeckRS 2010, 26923.

polizeilichen und nachrichtendienstlichen Staatsschutzes und der damit einhergehenden Wahrung der öffentlichen Sicherheit zu begrüßen und als verhältnismäßig anzusehen. Das Risiko, dass zur wirksamen Gefahrabwehr hochrangiger Rechtsgüter auch Kernbereichsinformation erfasst werden, muss also hingenommen werden.[319] Hochrangige Rechtsgüter sind hierbei namentlich der Bestand oder die Sicherheit des Bundes oder eines Landes oder eine Gefahr für Leib, Leben oder Freiheit einer Person.[320] Die Wahrscheinlichkeit, dass der Kernbereich privater Lebensgestaltung bei einer (Quellen-)TKÜ betroffen ist, wird durch die Sicherheitsbehörden stets zu minimieren versucht. Alsbald für die Behörden ersichtlich wird, dass diese Sphäre berührt wird, ist die Überwachungsmaßnahme üblicherweise sofort abzubrechen.[321] Bei einer versehentlichen Erhebung von Daten, die den Kernbereich privater Lebensgestaltung betreffen, sind diese Kommunikationsinhalte unverzüglich zu löschen.[322]

Als problematisch ist hier jedoch zu betrachten, dass aufgrund der Möglichkeit des kostenfreien Versendens von Texten, Bildern und Videos durch Messenger-Dienste regelmäßig länger und expliziter telekommuniziert wird. Aufgrund der Kostenfreiheit der Dienste werden dabei auch intime und intimste Sachverhalte ausführlicher als bei der Telekommunikation mittels SMS oder MMS kommuniziert. Insbesondere steigt auch der Versand von Bild- und Videodateien aufgrund der Messenger-Dienste, welche mitunter höchstpersönlicher Natur sein können. So hat zum Beispiel eine repräsentative Studie ergeben, dass bereits jeder Zweite schon mindestens einmal ein Nacktbild mithilfe eines informationstechnischen Gerätes versendet hat, wobei in 75% der Fälle WhatsApp oder ein anderer verschlüsselter Messenger-Dienst benutzt wurde.[323] Da die Quellen-TKÜ zwangsläufig eine weitere Person (Mitbetroffener) mit einbezieht und die Online-Durchsuchung auch dann durchgeführt werden darf, wenn andere Personen unvermeidbar mitbetroffen sind

---

[319] So auch: *Ogorek*, in: BeckOK GG Art. 10 Rn. 65.

[320] BVerfGE 115, 320 (381) = MMR 2006, 531.

[321] *Ogorek*, in: BeckOK GG Art. 10 Rn. 65.

[322] BVerfGE 113, 348 (392); 124, 43 (69) = NJW 2016, 1781.

[323] *20 Minuten*, Jeder Zweite hat bereits Nackt-Selfies verschickt, Internetquelle.

(vgl. § 100d Abs. 3 S. 3 StPO), werden diese hochsensiblen und besonders schützenswerten Daten mit erhöhter Wahrscheinlichkeit auch den Sicherheitsbehörden bekannt. Obzwar bei einer versehentlichen Erhebung dieser Daten eine unverzügliche Löschung zu erfolgen hat, wird mindestens ein Beamter Kenntnis dieser Daten erlangen.

Am gravierendsten ist der Eingriff in die individuelle informationelle Selbstbestimmung selbstredend bei der Online-Durchsuchung. Die Gefahr des Eindringens in den Kernbereich privater Lebensgestaltung ist hierbei exorbitant hoch, da auf Notebooks, Smartphones oder Tablets regelmäßig auch sensible und private Daten aller Art gespeichert sind. Hiervon abgesehen muss jedoch auch erwähnt werden, dass eine große Zahl von Straftätern sich der Gefahr der Quellen-TKÜ und Online-Durchsuchung bewusst ist und aufgrund dessen entsprechend umsichtig mit den kommunizierten Daten umgeht. Problematischer ist dieser Umstand bei zu Unrecht in den Fokus der Sicherheitsbehörden geratenen Personen. Dies erscheint mit erhöhter Wahrscheinlichkeit bei den Nachrichtendiensten möglich, da diese typischerweise bereits deutlich vor der Schwelle zu polizeilichen Ermittlungen tätig werden.

V.4.3 Anordnung

Die Quellen-TKÜ und Online-Durchsuchung bedarf im Bereich der Strafverfolgungs-/Gefahrenabwehrbehörden grundsätzlich einer richterlichen Anordnung (Richtervorbehalt).[324] Üblicherweise antragsberechtigt ist der Behördenleiter, dessen Vertreter oder ein besonders beauftragter Beamter. Bei Gefahr in Verzug darf die Anordnung ausnahmsweise auch ohne richterliche Anordnung erfolgen, wobei diese dann unverzüglich nachzuholen ist.[325] Regelmäßig ist einem derartigen Fall das jeweilige Amtsgericht zuständig. Ausnahme bildet hier das Bundesland Rheinland-Pfalz, in dem das Oberverwaltungsgericht zuständig ist (vgl. § 31 Abs. 5 S. 1 RhPfPOG). Einige

---

[324] BR-Drs. 796/16, S. 21.; *Redaktion ZD-Aktuell,* ZD-Aktuell 2017, 05713.

[325] *SAnhVerfG*, Urteil v. 11.11.2014 - LVG 9/13, BeckRS 2014, 58392, DÖV 2015, 116, DVBl 2015, 38 = NVwZ 2015, 438.

Polizeigesetze verweisen zudem auf das Verfahren nach dem FamFG[326].[327]
Der Inhalt der schriftlichen Anordnung ist teilweise bereits im Gesetz benannt (vgl. § 51 Abs. 4 BKAG, § 10b Abs. 2 DVPolG HH). Jede Anordnung ist
zwingend zu befristen; wobei die Höchstfristen zwischen einem und drei Monaten variieren (vgl. exemplarisch § 28b Abs. 4 S. 2 SPolG für die Höchstfrist
von einem Monat; § 34a Abs. 4 S. 5 SOG MV, § 51 Abs. 5 S. 3 BKAG für drei
Monate).[328]

Im Bereich der Nachrichtendienste geschieht die Anordnung nicht aufgrund
einer richterlichen Entscheidung. Zuständig für die Anordnung von Beschränkungsmaßnahmen ist gemäß § 10 Abs. 1 G10 bei Anträgen der Landesverfassungsschutzbehörden die zuständige oberste Landesbehörde. Dies
ist regelmäßig das jeweilige Innenressort.[329] Auf Bundesebene zuständig ist
das BMI (§ 10 Abs. 1 2. Hs. G10). Diese Verfahrensregelung ist zwingend. Eine
derartige Anordnung muss ausnahmslos vor der Durchführung einer Quellen-TKÜ oder Online-Durchsuchung erfolgen. Anders als für die Strafverfol-
gungs-/Gefahrenabwehrbehörden besteht für Nachrichtendienste keine
Kompetenz eilbedürftige Maßnahmen ohne entsprechende Einwilligung der
jeweiligen Aufsichtsbehörde durchzuführen.[330] Aufgrund dessen unterliegen
auch Informationen, welche aus einer rechtswidrigen Überwachung entstammen, einem absoluten Verwertungsgebot.[331] Antragsberechtigt für einen Nachrichtendienst ist der jeweilige Behördenleiter oder dessen Stellver-
treter (§ 9 Abs. 2 G10). Dieser muss den Antrag schriftlich stellen und konkret
zu begründen (§ 9 Abs. 3 S. 1 G10). Die Begründung hat auch in der Art zu
erfolgen, dass die Rechtsgrundlage (§ 3, § 5 oder § 8 G10) der beantragten
TKÜ ersichtlich wird.[332] Gemäß § 10 Abs. 5 G10 ist die Geltungsdauer der

---

[326] Gesetz über das Verfahren in Familiensachen und in den Angelegenheiten der freiwilligen Gerichtsbarkeit (FamFG) v. 17.12.2008, BGBl. I, 2586, zuletzt geändert durch Gesetz v.
20.07.2017, BGBl. I, 278 m.W.v. 29.07.2017.

[327] *Bumiller/Harders/Schwamb* FamFG § 415 Rn. 4 f.

[328] BT-WD 3 - 3000 - 020/17, Vergleich ausgewählter präventivpolizeilicher Standardmaßnahmen im Recht des Bundes und der Länder, S. 13.

[329] *Roggan*, in: Nomos-BR G-10-G § 10 Rn. 2.

[330] *Roggan*, in: Nomos-BR G-10-G § 5 Rn. 5; *Huber*, in: Erbs/Kohlhaas NDÜV § 9 Rn. 1-6.

[331] *Riegel*, in: Erbs/Kohlhaas G 10, § 3 Rn. 8.

[332] *Huber*, in: Erbs/Kohlhaas NDÜV § 9 Rn. 4.

Anordnung auf maximal drei Monate zu befristen. Eine Verlängerung der Maßnahme kann in den Fällen des § 3 G10 und § 5 G10 um maximal drei weitere Monate ausgesprochen werden, wenn die Voraussetzungen weiterhin gegeben sind (§ 10 Abs. 5 S. 2 G10). Beschränkungsmaßnahmen durch TKÜ-Maßnahmen sind grundsätzlich dem Betroffenen gemäß § 12 Abs. 2 S. 1 G10 nach ihrer Einstellung mitzuteilen, wenn kein Ausnahmetatbestand des § 12 Abs. 2 S. 2 G10 vorliegt. Das jeweils für die Anordnung zuständige Ministerium hat im Abstand von höchstens sechs Monaten das PKGr über die Durchführung von TKÜ-Maßnahmen nach dem G10 zu unterrichten (§ 14 Abs. 1 G10). Eine weitere Kontrollinstanz stellt die G10-Kommission dar. Diese besteht aus einem Vorsitzenden, der die Befähigung zum Richteramt besitzen muss, drei Beisitzern sowie vier stellvertretenden Mitgliedern (§ 15 Abs. 1 S. 1 G10). Sie ist dabei ein unabhängiges Organ und nicht weisungsgebunden.[333] Die G10-Kommission entscheidet von Amts wegen oder auf Grund von Beschwerden über die Zulässigkeit und Notwendigkeit von Beschränkungsmaßnahmen (§ 15 Abs. 5 G10). Die Kommission ist stets über alle geplanten Überwachungsmaßnahmen zu informieren; stimmt sie diesen nicht zu, so werden die Maßnahmen nicht durchgeführt.[334]

---

[333] *Roggan*, in: Nomos-BR G 10 § 15 Rn. 1.
[334] *Deutscher Bundestag*, G 10-Kommission, <u>Internetquelle</u>.

VI. Rechtskonformität der Quellen-Telekommunikationsüberwachung und Online-Durchsuchung

Es wurde aufgezeigt, dass sowohl die Quellen-TKÜ als auch die Online-Durchsuchung von einigen Behörden – trotz teilweise mangelhafter normativer Grundlagen - bereits seit geraumer Zeit exekutiert werden und aufgrund ihrer besonderen Möglichkeiten zur Informationsgewinnung als nicht unwesentliche Instrumente in der deutschen Sicherheitsarchitektur angesehen werden können. Dennoch stellt sich weiterhin die Frage nach der grundsätzlichen Rechtskonformität der Maßnahmen respektive in welchen Fällen sie angewendet werden dürfen, um als verfassungskonform eingestuft zu werden. Dies soll im Folgenden durch eine Auswertung der wichtigsten Urteile sowie der vorherrschenden Literatur- und Sachverständigenmeinungen ergründet werden. Erst im Anschluss daran kann eine finale Bewertung der Quellen-TKÜ und Online-Durchsuchung erfolgen.

VI.1 Justizielle Entscheidungen

Es wurden bereits mehrere Urteile mit Bezug zur Quellen-TKÜ und Online-Durchsuchung gefällt. Die maßgeblichen Entscheidungen mit Relevanz für die weitere Bearbeitung der Thematik sollen an dieser Stelle skizziert werden. Besonders hervorzuheben ist vorab ein Urteil des BVerfG[335], das die Online-Durchsuchung als TKÜ-Maßnahme unter engen Voraussetzungen legitimiert; selbiges gilt für einen Beschluss des LG Landshut[336]. Beschlüsse zur Quellen-TKÜ wurden bisher auf amts- und landesgerichtlicher Ebene sowie vom Verfassungsgericht des Landes Sachsen-Anhalt (SAnhVerfG)[337] gefällt. Da die Entscheidungen grundsätzlich sowohl für die Quellen-TKÜ als auch für die Online-Durchsuchung Bedeutung haben, wird nachfolgend auf eine vertiefte Differenzierung dieser Maßnahmen verzichtet.

---

[335] *BVerfG*, Urteil v. 27.02.2008 - 1 BvR 370/07, 1 BvR 595/07, BVerfGE 120, 274 (350) = NJW 2008, 822.

[336] *LG Landshut*, Beschluss v. 25.01.2011 – 4 Qs 346/10, BeckRS 2011, 02317.

[337] *SAnhVerfG*, Urteil v. 11.11.2014 - LVG 9/13, BeckRS 2014, 58392, DÖV 2015, 116, DVBl 2015, 38 = NVwZ 2015, 438.

VI.1.1 Bundesverfassungsgericht, Urteil vom 27.02.2008

Mit Urteil vom 27. 02. 2008[338] bestimmt das BVerfG unter anderem die Voraussetzungen für eine Online-Durchsuchung.[339] Als am 20.12.2006 das VSG NRW[340] verkündet wurde, sah dieses neben anderen technischen Überwachungsmaßnahmen[341] auch den heimlichen Zugriff auf informationstechnische Systeme vor (§ 5 Abs. 2 Nr. 11 VSG NRW a.F.). Mit der Begründung, die Grundrechte auf die Unverletzlichkeit der Wohnung, auf die informationelle Selbstbestimmung, auf das Telekommunikationsgeheimnis sowie auf die Rechtsweggarantie würden mit dem Gesetz beschnitten werden, legten fünf Personen Verfassungsbeschwerde ein.

Relevant für die Beantwortung der Forschungsfrage ist die Feststellung des BVerfG, dass Online-Durchsuchungen durch die Sicherheitsbehörden unter strengen Voraussetzungen grundsätzlich vorgenommen werden dürfen. Für eine verfassungskonforme Exekution der Online-Durchsuchung ist es notwendig, dass „tatsächliche Anhaltspunkte für eine konkrete Gefahr für ein überragend wichtiges Rechtsgut vorliegen [müssen]"[342]. Ferner bedarf eine Maßnahme einer richterlichen Anordnung.[343] Auch für die Online-Durchsuchung fordert das BVerfG, dass der Schutz des Kernbereiches der privaten Lebensgestaltung vor stattlichen Überwachungsmaßnahmen[344] sichergestellt ist.[345] Es knüpft damit an seine bisherige Rechtsprechung an.[346] Das VSG

---

[338] *BVerfG*, Urteil v. 27.02.2008 - 1 BvR 370/07, 1 BvR 595/07, BVerfGE 120, 274 (350) = NJW 2008, 822.

[339] *Knierim*, FD-StrafR 2008, 253764.

[340] Gesetz zur Änderung des Gesetzes über den Verfassungsschutz in Nordrhein-Westfalen (VSG NRW) v. 29.12.2006, GV NRW, 619.

[341] Namentlich das heimliche Beobachten und Aufklären des Internets (§ 5 II Nr. 11 S. 1 Alt. 1 VSG NRW a.F.) sowie die Einholung von Bankauskünften über Beteiligte am Zahlungsverkehr (§ 5a I VSG NRW a.F.). Auf diese Maßnahmen kann an dieser Stelle jedoch nicht eingegangen werden.

[342] *BVerfG*, Urteil v. 27.02.2008 - 1 BvR 370/07, 1 BvR 595/07, BVerfGE 120, 274 (350) = NJW 2008, 822.

[343] Vgl. hierzu *E. IV. 3. Anordnung.*

[344] Vgl. hierzu *E. IV. 1. Kernbereich privater Lebensgestaltung.*

[345] NJW-Spezial 2008, 184.

[346] Vgl. *BVerfG*, NJW 2004, 999; NJW 2005, NJW Jahr 2005, 2603.

NRW genügte diesen strengen Anforderungen insgesamt nicht.[347] Das BVerfG hat daher die entsprechenden Regelungen des VSG NRW im Ergebnis für teilweise verfassungswidrig und nichtig erklärt.[348] Obgleich die normative Grundlage für die Online-Durchsuchung nicht hinreichend verfassungskonform war, ist die grundsätzliche Feststellung der Rechtskonformität der Online-Durchsuchung von erheblicher Bedeutung für die weitere Bearbeitung.

Das BVerfG wich mit diesem Urteil von der Rechtsprechung des BGH[349] ab, der die verdeckte Online-Durchsuchung als grundsätzlich unzulässig einstufte. Ferner hat das BVerfG mit diesem Urteil ein neues IT-Grundrecht auf Gewährleistung der Vertraulichkeit und Integrität informationstechnischer Systeme erschaffen.[350]

VI.1.2 Verfassungsgericht des Landes Sachsen-Anhalt, Urteil vom 11.11.2014

Mit Urteil vom 11. 11. 2014[351] stellte das SAnhVerfG fest, dass das SOG LSA[352] teilweise verfassungswidrig war. Abgeordnete der Fraktionen Bündnis 90/Die Grünen sowie Die Linke stellten einen entsprechenden Normenkontrollantrag[353].[354] Neben anderen Maßnahmen wurde in § 17c SOG LSA a.F. die Befugnis zur Erhebung von Telekommunikationsinhalten und Telekommunikationsumständen ohne Wissen der betroffenen Person durch technische Mittel in informationstechnische Systeme zur Gefahrenabwehr durch die

---

[347] *Redaktion Beck-aktuell*, 27.02.2008.

[348] *Knierim*, FD-StrafR 2008, 253764.

[349] *BGH*, Beschluss v. 25.11.2006 - 1 BGs 184/06, MMR 2007, 174.

[350] Vgl. *Pagenkopf*, in: Sachs, Grundgesetz, Art. 10 Rn. 10a; *Murswiek/Rixen*, in: Sachs, Grundgesetz, Art. 2 Rn. 73c-73d; *Roßnagel/Schnabel*, NJW 2008, 3534 (3538); *Albrecht*, ZD-Aktuell 2016, 04199; *Gersdorf*, in: BeckOK InfoMedienR GG Art. 2 Rn. 22-29; *Hirsch*, NJOZ 2008, 1907 (1915); *Fink*, in: Spindler/Schuster, Recht der elektronischen Medien, Rn. 63-68 u.a.

[351] *SAnhVerfG*, Urteil v. 11.11.2014 - LVG 9/13, BeckRS 2014, 58392, DÖV 2015, 116, DVBl 2015, 38 = NVwZ 2015, 438.

[352] Viertes Gesetz zur Änderung des Gesetzes über die öffentliche Sicherheit und Ordnung des Landes Sachsen-Anhalt v. 26.3.2013, GVBl. LSA S. 134-145.

[353] Die gerichtliche Überprüfung von Rechtsnormen, ob diese mit höherrangigem Recht vereinbar sind, wird als Normenkontrolle bezeichnet.

[354] *Legal Tribune Online*, Polizeigesetz des Landes Sachsen-Anhalt teilweise verfassungswidrig, Internetquelle.

Polizei normiert.[355] Faktisch wurde durch das Änderungsgesetz also die Befugnis zur Quellen-TKÜ im Land Sachsen-Anhalt geschaffen.

Das SAnVerfG erkennt zwar den legitimen Zweck des Gesetzgebers an, allerdings waren die technischen Voraussetzungen für die Quellen-TKÜ zum damaligen Zeitpunkt noch nicht geschaffen worden. Eine angemessene Abwägungsentscheidung war für das Gericht folglich nicht möglich.[356] Im Umkehrschluss bedeutet dies, alsbald konkrete technische Maßnahmen (also technisch überprüfbare „Staatstrojaner") vorliegen und gerichtlich beurteilt werden können, ist die Quellen-TKÜ, trotz der im Jahr 2014 festgestellten Verfassungswidrigkeit, unter Umständen dennoch verfassungskonform und kann daher von den Sicherheitsbehörden angewandt werden. Da in der Bundesbehörde ZITiS[357] gegenwärtig bundeseigene Trojaner entwickelt werden und daher auch eine gerichtliche Beurteilung erfolgen kann, ist es überwiegend wahrscheinlich, dass entsprechende Befugnisse zur Quellen-TKÜ und gegebenenfalls auch zur Online-Durchsuchung durch den sachsen-anhaltinischen Gesetzgeber in absehbarer Zeit wieder aufgegriffen werden.

VI.1.3 Landgericht Hamburg, Beschluss vom 13.09.2010

Mit Beschluss vom 13.09.2010[358] stellte das LG Hamburg fest, dass die Quellen-TKÜ sowie die dafür erforderlichen Maßnahmen zulässig sind. Selbiges gilt für die Übertragung visueller Kommunikation in Form von Bildern und Videos, wenn diese während eines Gesprächs mitübertragen werden.[359] Im zu entscheidenden Fall ermittelte die Staatsanwaltschaft Hamburg unter anderem wegen des Verdachtes des organisierten Zigarettenschmuggels. Die konspirative Kommunikation der Täter erfolgte über den Instant-Messaging-Dienst Skype. Daher stellte die Staatsanwaltschaft einen Antrag zur

---

[355] *VerfGH Bayern*, 17.11.2014 - 70-VI-14, BeckRS 2014, 58355, LSK 2015, 040477, BayVBl 2015, 154.

[356] *Landesverfassungsgericht des Landes Sachsen-Anhalt* - Pressemitteilung Nr.: 011/2014 - LVG 9/13.

[357] ZITiS soll in erstes Linie die Sicherheitsbehörden im Geschäftsbereich des BMI mit entsprechenden Mittel ausstatten. Dass Landesbehörden die Software ankaufen, ist jedoch denkbar.

[358] *LG Hamburg*, Beschluss v. 13.09.2010 - 608 Qs 17/10, BeckRS 2011, 06733 = NJW 2011, 942.

[359] *Bär*, MMR 2011, 693 (697).

Überwachung und Aufzeichnung derartiger Telekommunikation beim Ermittlungsrichter des AG Hamburg. Durch den Ermittlungsrichter ausgenommen wurde hierbei zunächst die Überwachung und Aufzeichnung von Bildmaterial, welches durch die Webcam eingefangen wurde. Die Beschwerde der Staatsanwaltschaft hiergegen hatte vor dem LG Hamburg Erfolg. Das Aufspielen einer Spionagesoftware auf ein Notebook, um Kommunikation via VoIP zu überwachen wurde daher als zulässig gewertet. Mithin ist das LG Hamburg der Ansicht, dass schon im Jahr 2010 § 100a StPO a.F. als notwendige Rechtsgrundlage für die Überwachung und Aufzeichnung zulässig war, um eine Quellen-TKÜ zu betreiben.[360] Folgerichtig war daher der Entschluss des Gesetzgebers, die Quellen-TKÜ explizit in § 100a StPO n.F. zu normieren, um eine finale Rechtssicherheit bei der Exekution durch Strafverfolgungsbehörden zu gewährleisten.[361]

VI.1.4 Landgericht Landshut, Beschluss vom 25.01.2011

Mit Beschluss vom 25.01.2011[362] stellte das LG Landshut fest, dass durch Strafverfolgungsbehörden im zeitlichen Abstand von 30 Sekunden gefertigte Screenshots von der Bildschirmoberfläche eines Computers rechtswidrig sind, wenn während der Überwachungsmaßnahme der Internet-Browser aktiv geschaltet ist. Durch diesen Umstand lag faktisch eher eine Online-Durchsuchung denn eine Quellen-TKÜ durch das bayerische LKA[363] vor, da nicht nur die laufende Kommunikation, sondern auch weitere Informationen des Tatverdächtigen den Behörden ersichtlich wurden. Im zu entscheidenden Fall lag der begründete Verdacht eines Betäubungsmitteldeliktes nach dem BtMG vor. Daher ordnete das AG Landshut die Überwachung und Aufzeichnung des Telekommunikationsverkehrs an. Der Beschuldigte beantragte die Feststellung der Rechtswidrigkeit gemäß § 101 Abs. 7 S. 2 StPO a.F.. Der Antrag hatte teilweise Erfolg. Das Gericht erkannte zwar zunächst die

---

[360] NJW-Spezial 2011, 282.
[361] Vgl. *E. I. 1. Strafprozessordnung.*
[362] *LG Landshut*, Beschluss v. 25.01.2011 – 4 Qs 346/10, BeckRS 2011, 02317 = MMR 2011, 690.
[363] Vgl. *D. I. 2. Landeskriminalämter.*

grundsätzliche Zulässigkeit einer Quellen-TKÜ an, allerdings konnte die tatsächlich durchgeführte „Online-Durchsuchung" nicht auf § 100a StPO a.F. gestützt werden. Für das Anfertigen von Screenshots bestünde in Ermangelung eines Telekommunikationsvorgangs keine hinreichende Rechtsgrundlage.[364] Auch das bloße Schreiben einer E-Mail konnte im vorliegenden Fall nicht der Telekommunikation zugerechnet werden.[365]

Eine hinreichende Rechtsgrundlage für derartige Maßnahmen findet sich seit 17. 08. 2017 in § 100b Abs. 1 Nr. 1 StPO. Verstöße nach dem BtMG sind grundsätzlich auch Katalogstraften im Sinne des § 100b Abs. 2 Nr. 4 StPO. Es ist aufgrund dessen davon auszugehen, dass eine Entscheidung dieser Art nach der Novellierung der StPO insofern ausgefallen wäre, dass die Online-Durchsuchung aufgrund einer hinreichenden Rechtsgrundlage durch das LG Landshut als zulässig beurteilt werden würde. Allerdings ist weiterhin fraglich, ob die Norm an sich verfassungskonform ist.[366]

VI.1.5 Amtsgericht Bayreuth, Beschluss vom 17.09.2009

Eine vergleichbare Entscheidung wurde auch durch das AG Bayreuth gefällt. Dieses stellte mit Beschluss vom 17. 09. 2009[367] fest, dass VoIP-Telekommunikation über das Internet einschließlich der notwendigen Begleitmaßnahmen grundsätzlich abgehört und aufgezeichnet werden darf. Konkret ging es hierbei erneut um den Instant-Messaging-Dienst Skype. Durch die durchgeführte Quellen-TKÜ konnten die Kommunikationsinhalte durch die Strafverfolgungsbehörden in einem Verfahren bezüglich eines Verstoßes gegen das BtMG unverschlüsselt ausgelesen und verwertet werden. Als Rechtsgrundlage wurde gleichfalls § 100a StPO a.F. als ausreichend zuerkannt. Die Grenze derartiger Eingriffe in die informationelle Selbstbestimmung sieht das AG

---

[364] *Dr. Damm & Partner*, LG Landshut: Bundestrojaner darf nicht alle 30 Sekunden Screenshots vom PC-Bildschirm versenden / Verstoß gegen § 100 a StPO, <u>Internetquelle</u>.

[365] *Albrecht*, JurPC Web-Dokument 59/2011, Abs. 2.

[366] Vgl. *G. II. 4. Straftaten aus dem Betäubungsmittelgesetz*.

[367] *AG Bayreuth*, Beschluss v. 17.09.2009 - Gs 911/09, BeckRS 2010, 08265.

Bayreuth allerdings bei Online-Durchsuchungen.[368] Solange also nur diejenigen Maßnahmen ergriffen werden, „die der Überwachung der Telekommunikation dienen und die für deren Umsetzung zwingend erforderlich sind"[369], sei die Quellen-TKÜ zulässig. Im Umkehrschluss wurden insbesondere die Datenspiegelung sowie das Datenmonitoring außerhalb eines Telekommunikationsvorganges als grundsätzlich unzulässig betrachtet.

VI.2 Zwischenergebnis zur Rechtsprechung

Nachdem die fünf relevantesten Urteile skizziert wurden, gilt es hierzu ein Zwischenfazit zu ziehen.

Auffällig ist zunächst, dass bisher keine gerichtliche Entscheidung zur Quellen-TKÜ oder Online-Durchsuchung im nachrichtendienstlichen Bereich gefällt wurde. Problematisch ist, dass insbesondere hier eine nicht unerhebliche Rechtsunsicherheit bei der Anwendung der Maßnahmen für die Behörden festgestellt werden kann.

Im Bereich der Strafverfolgungsbehörden wurde jedoch aufgezeigt, dass die Rechtsprechung von einer grundsätzlichen Zulässigkeit der Quellen-TKÜ ausgeht. Wurde eine Quellen-TKÜ für unzulässig erklärt, lag der Grund hierfür regelmäßig in der damals noch fehlenden respektive unzureichenden Rechtsgrundlage. Eine explizite Rechtsgrundlage wurde insbesondere durch § 100a StPO n.F. geschaffen.

Verfassungsrechtlich problematisch stellt sich nach wie vor die Online-Durchsuchung dar. Diese wird vom BVerfG unter sehr engen Voraussetzungen zwar als grundsätzlich rechtskonform angesehen, jedoch nur, „wenn tatsächliche Anhaltspunkte für eine konkrete Gefahr für ein überragend wichtiges Rechtsgut vorliegen"[370]. Überragend wichtige Rechtsgüter sind das „Leib, Leben und [die] Freiheit der Person [sowie] solche Güter der Allgemeinheit,

---

[368] *Anwaltskanzlei Hild & Kollegen*, Abhören von Skype-Telefonaten im Rahmen von § 100a StPO zulässig, Internetquelle.

[369] *Bär*, MMR 2010, 266 (268).

[370] *BVerfG*, Urteil v. 27.02.2008 - 1 BvR 370/07, 1 BvR 595/07, BVerfGE 120, 274 (350) = NJW 2008, 822.

deren Bedrohung die Grundlagen oder den Bestand des Staates oder die Grundlagen der Existenz der Menschen berührt"[371]. Die Umsetzung der Rechtsprechung erfolgte in der Weise, dass § 100b StPO n.F. (Online-Durchsuchung) abschließend aufgeführte Katalogstraftaten enthält.[372] Diese sind weniger umfangreich als die Katalogstraftaten in § 100a StPO (Quellen-TKÜ). Trotzdem ist fraglich, ob tatsächlich alle Katalogstraftaten des § 100b Abs. 2 StPO überragend wichtige Rechtsgüter betreffen. Es gilt daher zunächst die Meinungen im juristischen Schrifttum sowie von weiteren Sachverständigen zu analysieren, um in Folge dessen ein abschließendes Fazit zu ziehen.

VI.3 Schrifttum und Sachverständigenurteile

Es gilt im Folgenden die Meinungen des juristischen Schrifttums sowie weitere Urteile von Sachverständigen zur Quellen-TKÜ und Online-Durchsuchung zu investigieren, um im Anschluss durch die kombinatorische Betrachtung der unterschiedlichen Ansichten in Verbindung mit den bereits analysierten judikativen Entscheidungen eine eigene Einschätzung herauszustellen.

VI.3.1 Quellen-Telekommunikationsüberwachung

Der Rechtsprechung folgend, sieht auch die herrschende Meinung des juristischen Schrifttums die Quellen-TKÜ als grundsätzlich zulässiges Instrument der deutschen Sicherheitsarchitektur an.[373] Dies gilt allerdings regelmäßig unter dem Vorbehalt, dass technisch sichergestellt werden muss, dass ausschließlich die laufende Telekommunikation überwacht wird.[374] Diese Anforderung wurde für einige Zeit im juristischen Schrifttum teilweise noch verneint[375] und ist insofern zutreffend, als dass auch die Online-Durchsuchung

---

[371] BVerfGE 120, 274 – 350.

[372] *Holzner*, in: BeckOK PolR Bayern PAG Art. 11 Rn. 178.

[373] so etwa *Meyer-Goßner*, § 100a StPO Rn. 7; *Bär*, in: KMR § 100a StPO Rn. 31; *Graf*, in: Beck OK-StPO § 100a StPO Rn. 114; *Nack*, in: KK-StPO § 100a Rn. 27.

[374] So wie auch *BVerfG*, Urteil v. 27.02.2008, NJW 2008, 822, Rn. 190; *AG Bayreuth*, Beschluss v. 17.9.2009 - Gs 911/09; *Bär*, MMR 2010, 266 (268); *Meyer-Goßner* § 100a StPO Rn. 7a.

[375] vgl. etwa *Stadler*, in MMR 2012, 18.

unter engen Voraussetzungen als grundrechtskonform beurteilt werden kann.

Harscher fällt dessen ungeachtet die Kritik von anderen Sachverständigen aufgrund befürchteter oder tatsächlicher praktischer Probleme aus. Insbesondere der Chaos Computer Club e.V.[376] (CCC) positionierte sich mehrfach deutlich gegen die Quellen-TKÜ. So äußert dieser die Befürchtung, dass sich jegliche Spionagesoftware nicht auf die reine Kommunikation beschränken lasse, da „das Eindringen in den vernetzten Computer selbst und eine Analyse hier gespeicherter Daten und Programme [stets] notwendig"[377] sei. Ferner wird durch die Hackervereinigung problematisiert, dass Schwachstellen in informationstechnischen Systemen bewusst durch den Staat beibehalten werden, um so die Spionagesoftware auf dem Endgerät einbringen zu können, dies berge indessen die Gefahr von weiteren Hackerangriffen auf die Systeme. Aufgrund der Gefahr von Wirtschaftsspionage und der Befeuerung grauer Märkte[378] sollten wirtschaftliche Interessen und Gemeinwohlerwägungen höher gewichtet werden als die Sicherheitsinteressen des Staates, die mit der Anwendung der Quellen-TKÜ einhergehen. Im Ergebnis sei die Quellen-TKÜ insgesamt unverhältnismäßig.[379] Mit einer vergleichbaren Argumentation kam auch Kritik von den Fraktionen Die Linke sowie Bündnis 90/Die Grünen.[380] Ferner wurde die Art und Weise des Zustandekommens des Gesetzes teilweise kritisiert.[381]

Es kann daher konstatiert werden, dass die geäußerte Kritik sich eher auf praktische als auf rechtliche Problematiken bezieht. Neben der Rechtsprechung herrscht also auch im juristischen Schrifttum weitgehend Einigkeit

---

[376] Der CCC ist nach eigener Aussage „die größte europäische Hackervereinigung und seit über dreißig Jahren Vermittler im Spannungsfeld technischer und sozialer Entwicklungen" (*Chaos Computer Club*, Home, <u>Internetquelle</u>).

[377] *CCC*, Stellungnahme zur „Quellen-TKÜ", 09.08.2016, S. 13.

[378] Der sogenannte graue Markt bezeichnet Absatzmärkte, die keiner rechtlichen Kontrolle unterliegen und sich daher in einer „Grauzone" bewegen.

[379] *CCC*, Stellungnahme zur „Quellen-TKÜ", 09.08.2016, S. 15f.

[380] *Deutscher Bundestag*, Bundestag gibt Strafermittlern neue Instrumente in die Hand, <u>Internetquelle</u>.

[381] Vgl. NJW-Spezial 2017, 440.

darüber, dass die Quellen-TKÜ zulässig ist, solange sich die Aufzeichnung und Überwachung auf die laufende Kommunikation beschränkt und der Eingriff in das informationstechnische System notwendig ist, um die Überwachung und Aufzeichnung der Telekommunikation auch in unverschlüsselter Form zu ermöglichen. Evident wird daher die Frage, ob auch die Online-Durchsuchung als rechtskonform angesehen werden kann, da hier eben nicht ausschließlich die laufende Kommunikation aufgezeichnet wird.

VI.3.2 Online-Durchsuchung

Diffiziler als bei der Quellen-TKÜ gestaltet sich die Frage nach der Rechtskonformität der Online-Durchsuchung. Insbesondere nach der Novellierung der StPO mit Einführung des § 100b StPO n.F. kam weitreichende Kritik von Juristen, Datenschützern, Politikern und sonstigen Aktivisten. Wenig überraschend äußerte sich insbesondere wieder der CCC kritisch zur Online-Durchsuchung. Die Argumentationsmuster ähneln im Wesentlichen der Kritik der Quellen-TKÜ. So wird insbesondere die fehlende technische Überprüfbarkeit und Nachvollziehbarkeit der Maßnahme bemängelt.[382] Ferner sei ein Beleg für die Notwendigkeit der Implementation nicht erkennbar[383] und die Online-Durchsuchung insgesamt unverhältnismäßig.[384] Auch in dieser Stellungnahme des CCC wird also im Ergebnis eher auf praktische Probleme abgestellt; eine differenzierte juristische Betrachtungsweise unterbleibt dabei. Vergleichbare Sicherheitsbedenken äußern ferner der Bundesverband Informationswirtschaft, Telekommunikation und neue Medien e.V. (Bitkom)[385],

---

[382] Vgl. *CCC*, Risiken für die innere Sicherheit beim Einsatz von Schadsoftware in der Strafverfolgung, 31.05.2017, S. 13 ff.

[383] Vgl. *CCC*, Risiken für die innere Sicherheit beim Einsatz von Schadsoftware in der Strafverfolgung, 31.05.2017, S. 11 ff.

[384] Vgl. *CCC*, Risiken für die innere Sicherheit beim Einsatz von Schadsoftware in der Strafverfolgung, 31.05.2017, S. 10.

[385] *Silicon*, Bitkom stellt sich gegen Online-Durchsuchung, Internetquelle.

eco - Verband der Internetwirtschaft e.V.[386] sowie der ehemalige Bundesbeauftragte für Datenschutz Peter Schaar[387].

Als juristisch substanzieller ist mitunter die Kritik des Deutschen Anwaltvereins (DAV) anzusehen. Insbesondere da die „Eingriffstiefe und Konsequenzen den großen Lauschangriff[388] deutlich"[389] überböte, sei die Online-Durchsuchung (im Übrigen auch die Quellen-TKÜ) „äußerst bedenklich"[390] Problematisch sei insbesondere der „umfassende staatliche Einblick in die Gefühls- und Gedankenwelt des Betroffenen"[391]. Weniger eindeutig positioniert sich der Rechtsausschuss des Bundestages. Insgesamt wird die Online-Durchsuchung zwar als zulässige Maßnahme erachtet und gebilligt[392], problematisch seien jedoch gegebenenfalls der „zu hohe Spielraum"[393] für die Sicherheitsbehörden.

Während im Bereich der Strafverfolgungs- und Gefahrenabwehrbehörden die Online-Durchsuchung zwar höchst kontrovers diskutiert wird, ist im Ergebnis festzustellen, dass die Maßnahme in bestimmten Fällen als überwiegend zulässig angesehen wird. Diese Ansicht ist nicht zuletzt aufgrund der veränderten Gefahren- und Bedrohungslage alles in allem zu begrüßen. Fragwürdig ist indes die Anwendung der Online-Durchsuchung im nachrichtendienstlichen Bereich. Unzweifelhaft sind Nachrichtendienste aufgrund umfangreicher Anonymisierungsmaßnahmen der Beobachtungssubjekte mit vergleichbaren Problemen wie die Strafverfolgungsbehörden konfrontiert.

---

[386] Vgl. *Eco – Verband der Internetwirtschaft e.V.*, Pressemitteilung v. 15.09.2008, Die Risiken der Online-Durchsuchung müssen ernst genommen werden.

[387] Vgl. *Schaar*, Grundrechtsbeschränkung im Schnelldurchgang: Quellen-Telekommunikationsüberwachung und Online-Durchsuchung, *Internetquelle*.

[388] Der große Lauschangriff bezeichnet umgangssprachlich die akustische und optische Wohnraumüberwachung durch staatliche Stellen (vgl. BVerfGE 109, 279 = NJW 2004, 999).

[389] Vgl. *DAV*, Pressemitteilung v. 19.06.2017, DAV gegen Einführung der Online-Durchsuchung und Quellen-TKÜ.

[390] Ebd.

[391] Ebd.

[392] *Redaktion FD-StrafR*, FD-StrafR *2017*, 392557.

[393] *Deutscher Bundestag*, Pro und Contra Staatstrojaner bei der Anhörung zur Strafrechtsreform, Internetquelle.

Es wurde im Laufe des Forschungsganges festgestellt, dass bisher ausschließlich Art. 10 BayVSG für das LfV Bayern die Online-Durchsuchung explizit normiert hat. [394] Im HSVG für das LfV Hessen ist die entsprechende Implementierung geplant.[395] Im VSG NRW für das LfV Nordrhein-Westfalen war diese Überwachungsmaßnahme bereits gesetzlich verankert. Aufgrund des Urteiles des BVerfG vom 27. 02. 2008 musste die entsprechende Regelung wieder entfernt werden.[396]

Während gegen das BayVSG durch die Gesellschaft für Freiheitsrecht e.V. (GFF) bereits am 01. 08. 2017 Verfassungsbeschwerde eingelegt wurde[397] und gegenwärtig beim BVerfG[398] anhängig ist[399], wird auch in der Diskussion um eine Novellierung der HVSG erhebliche Kritik geäußert. Insbesondere erwähnenswert ist hierbei, dass die Kritik nicht mehr ausschließlich von Datenschützern, Hackern und selbsternannten „Freiheitsrechtlern", sondern auch von juristischen Sachverständigen kommt. So traf der Gesetzesentwurf im Sachverständigenrat des hessischen Landtages auf teils erhebliche Ablehnung.[400] Neben der bereits mehrfach aufgeführten Kritik aufgrund von praktischen Sicherheitsbedenken,[401] werden insbesondere auch verfassungsrechtliche Bedenken von den Sachverständigen in Bezug auf die Online-Durchsuchung geäußert.[402] Hochproblematisch sei hierbei, dass der Kernbereich privater Lebensgestaltung[403] nicht ausreichend bei der Online-Durchsuchung ausreichend geschützt werden könne. Das HVSG-neu sei daher in

---

[394] *Vgl. E. II. 2. Nachrichtendienste.*

[395] *Vgl. E. II. 2. Nachrichtendienste.*

[396] *BVerfG*, Urteil v. 27.02.2008 - 1 BvR 370/07, 1 BvR 595/07, BVerfGE 120, 274 (350) = NJW 2008, 822; *vgl. F. I. 1. Bundesverfassungsgericht, Urteil vom 27.02.2008.*

[397] *GFF*, Pressemitteilung v. 02.08.2017, GFF erhebt Verfassungsbeschwerde gegen Bayerisches Verfassungsschutzgesetz.

[398] Az. 1 BvR 1619/17.

[399] *Redaktion ZD-Aktuell*, ZD-Aktuell 2017, 05744.

[400] Hessischer Landtag, INA 19/86 – 08.02.2018.

[401] So etwa Constanze Kurz vom CCC, Hessischer Landtag, INA 19/86 – 08.02.2018, S. 60 ff.

[402] *Legal Tribune Online*, Staatstrojaner auch vor Wiesbaden, <u>Internetquelle</u>.

[403] Vgl. *E. IV. 2. Kernbereich privater Lebensgestaltung.*

toto nicht in Übereinstimmung mit der Judikation des BVerfG.[404] Dieser Ansicht kann weitgehend zugestimmt werden. Eine unmittelbare Gefahrensituation ist nach der Rechtsprechung des BVerfG[405] eine zwingende Voraussetzung für die Anwendung der Online-Durchsuchung. Eine derartige unmittelbare Bedrohung ist stets von den Gefahrenabwehrbehörden abzuwehren und ist keine Aufgabe der Verfassungsschutzbehörden, die ihrem Wesen nach Vorfeldaufklärung leisten und denen keine polizeilichen Zwangsbefugnisse zustehen.[406] Insgesamt nur zwei der 25 geladenen Sachverständigen sahen im Gesetzesentwurf für das HVSG-neu keinerlei Mängel. Hierbei muss derweil erwähnt werden, dass sich die Kritik nicht nur auf die Online-Durchsuchung, sondern auch auf andere geplante verschärfte Befugnisse des LfV Hessen – wie etwa der erweitere Einsatz von verdeckten Ermittlern und V-Personen – bezieht.[407]

---

[404] Hessischer Landtag, INA 19/86 – 08.02.2018, S. 14 ff.

[405] *BVerfG*, Urteil v. 27.02.2008 - 1 BvR 370/07, 1 BvR 595/07, BVerfGE 120, 274 (350) = NJW 2008, 822; vgl. *F. I. 1. Bundesverfassungsgericht, Urteil vom 27.02.2008.*

[406] Hessischer Landtag, INA 19/86 – 08.02.2018.

[407] Auf die hieraus resultierenden Problematiken kann im Rahmen dieser Masterarbeit leider nicht näher eingegangen werden.

VII. Juristische Beurteilung und Lösungsvorschläge

Im vorläufigen Ergebnis kann festgehalten werden, dass die Quellen-TKÜ aus juristischer Sicht grundsätzlich bedenkenlos sowohl von Nachrichtendiensten als auch von Strafverfolgungs- und Gefahrenbehörden angewendet werden kann, vorausgesetzt, dass ausschließlich die laufende Kommunikation durch die Sicherheitsbehörden überwacht wird. Die Online-Durchsuchung ist nur unter besonders engen Voraussetzungen verfassungskonform und muss daher besonders kritisch gesehen werden. Sie bewegt sich am gerade noch zulässigen Rand unseres Rechtsstaates und ist nur in besonderen Fällen bei einer konkreten Gefährdung herausragend wichtiger Rechtsgüter zulässig. Final können nach Abschluss des Forschungsganges vier wesentliche Ergebnisse festgestellt werden. Diese sollen nachfolgend aufgeführt werden und bei Bedarf mit konkreten Lösungs- oder Verbesserungsvorschlägen forciert werden, um so das Forschungsziel zu erreichen.

VII.1 Verfassungswidrigkeit der Online-Durchsuchung für Nachrichtendienste

Nach Maßgabe des BVerfG ist eine Online-Durchsuchung zulässig, wenn „tatsächliche Anhaltspunkte für eine konkrete Gefahr für ein überragend wichtiges Rechtsgut vorliegen"[408].

Es müssen - detaillierter ausgedrückt - tatsächliche Anhaltspunkte vorliegen, die in ihrer Gestalt derart konkret sind, dass aufgrund der Lebenserfahrung oder kriminalistischer Expertise der Sachbearbeiter und Referenten darauf erkannt werden kann, dass die Verwirklichung des Tatbestandes überwiegend möglich erscheint. Mithin ist also ein qualifizierter Anfangsverdacht erforderlich.[409] Dieser qualifizierte Anfangsverdacht hat auf einer „gesicherten

---

[408] *BVerfG*, Urteil v. 27.02.2008 - 1 BvR 370/07, 1 BvR 595/07, BVerfGE 120, 274 (350) = NJW 2008, 822.

[409] *Mengers*, in: Löwe/Rosenberg StPO § 94 Rn. 20.

Tatsachenbasis im Sinne eines schlüssigen Tatsachenmaterials"[410] zu erfolgen.[411]

Über den Begriff der konkreten Gefahr herrscht im strafjuristischen Schrifttum Streit. Hierbei ist die Frage strittig, ab welchem Zeitpunkt eine Gefährdung als konkrete Gefahr zu beurteilen ist. Ein Teil der Literatur spricht von einer gegebenen konkreten Gefahr, wenn der Eintritt in den Wirkungsbereich der Handlung mit an Sicherheit grenzender Wahrscheinlichkeit zu erwarten ist.[412] Die Gegenmeinung vertritt die Ansicht, dass das Gefährdungsobjekt bereits im Wirkungsbereich des Verhaltens eines Täters sein muss[413] respektive dass das Gefährdungsobjekt derart im Wirkungsbereich des schadensträchtigen Geschehens ist, „dass der Nichteintritt einer Schädigung nur noch von unberechenbaren Zufälligkeiten abhängt, auf die in der konkreten Gefahrensituation nicht mehr vertraut werden kann"[414].

Als Rechtsgüter werden ideelle und materielle Güter bezeichnet, die unter besonderem Schutz des Rechts stehen. Einige dieser Güter sind als so wichtig anzusehen, dass diese auch unter dem Schutz des Strafrechts stehen.[415] Als überragend wichtige Rechtsgüter sind der Bestand oder die Sicherheit des Bundes oder eines Landes oder eine Gefahr für Leib, Leben oder Freiheit einer Person zu klassifizieren.[416]

Zunächst kann konstatiert werden, dass Nachrichtendienste vornehmlich nur dann tätig werden dürfen, wenn tatsächliche Anhaltspunkte vorliegen, welche auf Bestrebungen gegen die freiheitlich demokratische Grundordnung schließen lassen (vgl. §§ 3, 4 BVerfSchG).[417] Unstrittig ist hierbei, dass

---

[410] *Günther*, in: MüKoStPO 100a Rn. 74.

[411] *BVerfG*, Urteil v. 12.3.2003 – 1 BvR 330/96 und 1 BvR 348/99 = NJW 2003, 1787 (1791).

[412] *Bassenge*, Der allgemeine strafrechtliche Gefahrbegriff und seine Anwendung im zweiten Teil des Strafgesetzbuchs und in den strafrechtlichen Nebengesetzen, S. 36.

[413] *Zieschang*, Gefährdungsdelikte, S. 37 ff.

[414] *Sternberg-Lieben/Hecker*, in: *Schönke/Schröder* StGB § 315 Rn. 14.

[415] *Kudlich*, ZStrW Bd. 127, 635 (653).

[416] BVerfGE 115, 320 (381).

[417] Vgl. BT-WD 3 - 3000 - 072/16, Beobachtung von Parteien durch den Verfassungsschutz, S. 6 ff.; vgl. *D. II. Inlandsnachrichtendienste*.

die Aufgabenbereiche der Nachrichtendienste naturgemäß auch dem Schutz herausragender wichtiger Rechtsgüter dienen (vgl. § 3 Abs. 1 BVerfSchG).

Problematisch ist jedoch die zwingende Tatbestandsvoraussetzung der konkreten Gefahr. Wie bereits im Forschungsgang festgestellt werden konnte, besteht das Wesen der Nachrichtendienste darin, bereits vor der Ermittlungsarbeit der Gefahrenabwehrbehörden tätig zu werden.[418] Alsbald jedoch die Erkenntnislage hinlänglich verdichtet ist und auf eine konkrete Gefahr schließen lässt, sind die wesentlichen Erkenntnisse über das Beobachtungsobjekt von den Nachrichtendiensten an die Gefahrenabwehrbehörden weiterzuleiten, damit diese die erforderlichen exekutiven Maßnahmen einleiten können. Eine Gefahr, die so substanziell ist, dass „der Nichteintritt einer Schädigung nur noch von unberechenbaren Zufälligkeiten abhängt, auf die in der konkreten Gefahrensituation nicht mehr vertraut werden kann"[419] ist so unmittelbar, dass die Weiterbearbeitung durch die Nachrichtendienste als reine Informationsbeschaffungs- und Informationsauswertungsbehörde ohne polizeiliche Befugnisse nicht zielführend ist.[420]

Allerdings muss auch angemerkt werden, dass gemäß § 9 Abs. 2 S. 1 BVerfSchG das in einer Wohnung nicht öffentlich gesprochene Wort mit technischen Mitteln durch das BfV heimlich mitgehört oder aufgezeichnet werden darf, wenn es im Einzelfall zur Abwehr einer gegenwärtigen gemeinen Gefahr oder einer gegenwärtigen Lebensgefahr für einzelne Personen unerlässlich ist und geeignete polizeiliche Hilfe für das bedrohte Rechtsgut nicht rechtzeitig erlangt werden kann. Es ist durchaus vorstellbar, die Voraussetzungen dieser Befugnis als Vorbild für die Online-Durchsuchung durch Nachrichtendienste zu verwenden. Allerdings ist die Online-Durchsuchung aufgrund der Vielzahl höchstpersönlicher Daten der Betroffen als eine noch invasivere Maßnahme als die akustische Wohnraumüberwachung zu werten. Auch erscheint es realitätsfern, dass polizeiliche Hilfe nicht rechtzeitig erlangt werden kann; vielmehr sind die Gefahrenabwehrbehörden eben schon vor dem

---

[418] Vgl. *D.II. Inlandsnachrichtendienste.*

[419] *Sternberg-Lieben/Hecker*, in: Schönke/Schröder StGB § 315 Rn. 14.

[420] Eine vergleichbare Rechtsauffassung findet sich auch im Sachverständigenurteil über die Novellierung des HVSG (Hessischer Landtag, INA 19/86 – 08.02.2018, S. 14 f., S. 19).

Entstehen einer konkreten Gefahr einzuschalten. Eine vergleichbare Verklausulierung analog der akustischen Wohnraumüberwachung für die Online-Durchsuchung durch Nachrichtendienste ist daher unverhältnismäßig und folglich unwirksam.

Ein typischer Verlauf einer Gefährdungslage unter Anwendung der Quellen-TKÜ und Online-Durchsuchung soll im Folgenden skizziert werden:

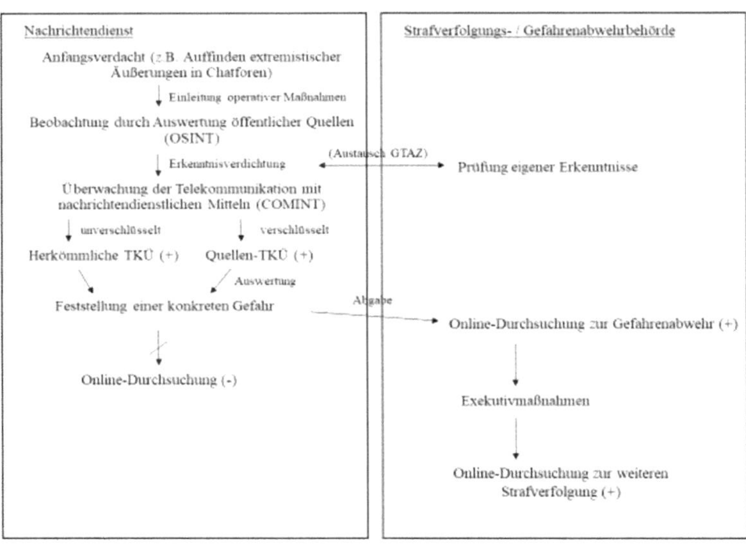

Abbildung 3: Eigene Darstellung, 2018

Bereits problematisiert wurde die im BayVSG bereits bestehende und im HVSG-E geplante Tatbestandsvoraussetzung der „dringenden Gefahr" in den Gesetzesformulierungen für den Einsatz der Online-Durchsuchung durch die bayerische und hessische Landesverfassungsschutzbehörde, so dass an dieser Stelle hierauf verwiesen werden kann.[421]

Da als Voraussetzung für den Einsatz der Online-Durchsuchung eine konkrete Gefahr vorliegen muss, welche stets von der Polizei abzuwehren ist, ist die Anwendung der Online-Durchsuchung durch Nachrichtendienste

---

[421] Vgl. *E. II. 2. Nachrichtendienste der Länder.*

insgesamt nicht rechtskonform. Im Ergebnis ist Art. 10 BayVSG somit als verfassungswidrig anzusehen. Die Online-Durchsuchung auf Grundlage des § 100b StPO und § 49 BKAG ist dahingegen als Instrument zur Strafverfolgung und Gefahrenabwehr unter engen Voraussetzungen als verfassungskonform zu werten.

VII.2 Reduktion der Katalogstraftaten des § 100b StPO

§ 100b StPO (Online-Durchsuchung) ist grundsätzlich vereinbar mit der Rechtsprechung des BVerfG[422], allerdings ist fraglich, ob auch alle aufgeführten Straftaten in Einklang mit dem Leitsatz des BVerfG stehen.

Ungeklärt ist bisher, ob alle Katalogstraftaten des § 100b Abs. 2 StPO überragend wichtige Rechtsgüter wie den Bestand oder die Sicherheit des Bundes oder eines Landes oder eine Gefahr für Leib, Leben oder Freiheit einer Person betreffen.[423] Bei einer Durchsicht der aufgeführten Straftaten muss dies negiert werden. Im Folgenden sollen diejenigen Tatbestände aus § 100b Abs. 2 StPO aufgezeigt werden, die keine überragend wichtigen Rechtsgüter betreffen:

VII.2.1 Straftaten aus dem Strafgesetzbuch

§ 100b Abs. 2 Nr. 1 StPO

c) Geld- und Wertzeichenfälschung nach den §§ 146 und 151, jeweils auch in Verbindung mit § 152, sowie nach § 152a Absatz 3 und § 152b Absatz 1 bis 4,

h) Bandendiebstahl nach § 244 Absatz 1 Nummer 2 und schwerer Bandendiebstahl nach § 244a,

k) gewerbsmäßige Hehlerei, Bandenhehlerei und gewerbsmäßige Bandenhehlerei nach den §§ 260, 260a,

---

[422] *BVerfG*, Urteil v. 27.02.2008 - 1 BvR 370/07, 1 BvR 595/07, BVerfGE 120, 274 (350) = NJW 2008, 822.

[423] *BVerfG*, Beschluss v. 04.04.2006 - 1 BvR 518/02, BVerfGE 115, 320 (381) = NJW 2006, 1939.

l) besonders schwerer Fall der Geldwäsche, Verschleierung unrechtmäßig erlangter Vermögenswerte nach § 261 unter den in § 261 Absatz 4 Satz 2 genannten Voraussetzungen,

m) besonders schwerer Fall der Bestechlichkeit und Bestechung nach § 335 Absatz 1 unter den in § 335 Absatz 2 Nummer 1 bis 3 genannten Voraussetzungen.

In den vorgenannten Fällen handelt es sich jeweils um Vermögensdelikte. Das Vermögen ist zwar ein Rechtsgut von einigem Gewicht, es kann jedoch nicht als überragend wichtiges Rechtsgut angesehen werden. Der Terminus „überragend wichtig" impliziert, dass höherwertige Rechtsgüter faktisch nicht mehr existieren. Evident erscheint hier, dass Leib und Leben sowie der Bestand des Bundes und der Länder höher zu gewichten sind als das Vermögen von Rechtssubjekten; obschon die Vermögensminderung bei den oben genannten Straftaten mitunter erheblich sein kann.

VII.2.2 Straftaten aus dem Asylgesetz

§ 100b Abs. 2 Nr. 2 StPO

a) Verleitung zur missbräuchlichen Asylantragstellung nach § 84 Absatz 3,

b) gewerbsmäßige und bandenmäßige Verleitung zur missbräuchlichen Asylantragstellung nach § 84a Absatz 1.

Damit die missbräuchliche Asylantragstellung als besonders schwer zu qualifizieren ist und damit eine Anordnung zur Online-Durchsuchung erfolgen kann, ist - neben der wiederholten Begehung der Straftat zugunsten von mehr als fünf Personen – ein bereits erhaltener oder versprochener Vermögensvorteil eine wesentliche Tatbestandsvoraussetzung.[424] Auch die genannten Straftaten nach dem AsylG sind grundsätzlich als Vermögensdelikte qualifizieren. Die Voraussetzungen für eine Online-Durchsuchung sind folglich nicht erfüllt.

---

[424] *Hadamitzky/Senge*, in: Erbs/Kohlhaas AsylG § 84 Rn. 23-26.

VII.2.3 Straftaten aus dem Aufenthaltsgesetz

§ 100b Abs. 2 Nr. 3 StPO

a) Einschleusen von Ausländern nach § 96 Absatz 2.

Auch hierbei handelt es sich grundsätzlich um ein Vermögensdelikt. Allerdings ist § 96 Abs. 2 AufenthG dezidierter zu betrachten. Hiernach wird bestraft, wer bei dem Einschleusen von Ausländern (1.) gewerbsmäßig handelt, (2.) als Mitglied einer Bande handelt, (3.) eine Schusswaffe oder (4.) andere Waffe bei sich führt oder (5.) den Geschleusten einer das Leben gefährdenden, unmenschlichen oder erniedrigenden Behandlung oder der Gefahr einer schweren Gesundheitsschädigung aussetzt.

Zwar vermag zunächst die Freiheit einer Person im Falle von Straftaten nach § 96 Abs. 2 AufenthG als potenziell gefährdet anmuten. In einem derartigen Fall wäre von einer Gefahr eines überragend wichtigen Rechtsgutes auszugehen. Allerdings geschehen die Schleusungsmaßnahmen in aller Regel mit Einwilligung der Geschleusten (§ 228 StGB analog).[425] Die individuelle Freiheit ist ein dispositionsfähiges Rechtsgut und kein Rechtsgut der Allgemeinheit, es kann daher grundsätzlich abbedungen werden.[426] In den Fällen des § 96 Abs. 2 Nr. 1 und 2 AufenthG (gewerbs- und bandenmäßiges Handeln) handelt es sich also gleichwohl in erster Linie um Vermögensdelikte, die nicht die Erheblichkeitsschwelle für die zulässige Anwendung der Online-Durchsuchung überschreiten. Anders verhält sich der Sachverhalt indessen bei § 96 Abs. 2 Nr. 3 - 5 AufenthG. Hierbei ist eine konkrete Gefahr für den Leib oder das Leben des Geschleusten oder Dritten tatsächlich möglich und somit die Tatbestandsvoraussetzung für eine Anwendung der Online-Durchsuchung erfüllt.

---

[425] Zu den Grenzen der Einwilligung: *Weber*, in Fezer/Schlüchter/Rößner et al. (Hrsg.); FS Jürgen Baumann, S. 43-55.

[426] *Erb*, in: MüKoStGB StGB § 34 Rn. 30.

Nach dieser nuancierten Betrachtung ist daher im Ergebnis festzustellen, dass eine Online-Durchsuchung in den Fällen des § 96 Abs. 2 Nr. 3 – 5 AufenthG verhältnismäßig und zulässig sein kann; nicht jedoch in den Fällen des § 96 Abs. 2 Nr. 1, 2 AufenthG.

VII.2.4 Straftaten aus dem Betäubungsmittelgesetz

§ 100b Abs. 2 Nr. 4 StPO

a) besonders schwerer Fall einer Straftat nach § 29 Absatz 1 Satz 1 Nummer 1, 5, 6, 10, 11 oder 13, Absatz 3 unter der in § 29 Absatz 3 Satz 2 Nummer 1 genannten Voraussetzung,

b) eine Straftat nach den §§ 29a, 30 Absatz 1 Nummer 1, 2, 4, § 30a.

Nach diesen Vorschriften kann die Online-Durchsuchung exekutiert werden, wenn tatsächliche Anhaltspunkte hinsichtlich des unerlaubten Anbauens, der Herstellung, des Handels, der Einfuhr, der Ausfuhr, der Veräußerung, der Abgabe, des Erwerbes, des in Verkehr Bringens oder der Verschaffung von Betäubungsmitteln vorliegen (§ 100b Abs. 2 Nr. 4 lit. a StPO i.V.m. § 29 Abs. 1 S. 1 Nr. 1 BtMG) sowie bei Verstößen entgegen den Durchführungsbestimmungen von Betäubungsmitteln[427] (§ 100b Abs. 2 Nr. 4 lit. a StPO i.V.m. § 29 Abs. 1 S. 1 Nr. 5 BtMG) und bei Verstößen betreffend der Verschreibung und Verabreichung von Betäubungsmitteln (§ 100b Abs. 2 Nr. 4 lit. a StPO i.V.m. § 29 Abs. 1 S. 1 Nr. 6 BtMG). Um de lege lata eine Online-Durchsuchung in diesen Fällen des Drogenhandels und Drogenschmuggels durchzuführen, ist jeweils ein besonders schwerer Fall notwendig. Besonders schwere Fälle liegen demgemäß etwa beim Schmuggel und Handel in der Nähe von Schulen, Therapieeinrichtungen oder Justizvollzugsanstalten sowie beim Schmuggel und

---

[427] § 11 Abs. 1 S. 2 BtMG: *Betäubungsmittel dürfen durch den Geltungsbereich dieses Gesetzes nur unter zollamtlicher Überwachung ohne weiteren als den durch die Beförderung oder den Umschlag bedingten Aufenthalt und ohne dass das Betäubungsmittel zu irgendeinem Zeitpunkt während des Verbringens dem Durchführenden oder einer dritten Person tatsächlich zur Verfügung steht, durchgeführt werden.*

Handel durch besondere Berufsgruppen[428] und beim Aufbewahren mit einer Zugriffsmöglichkeit für Minderjährige vor.[429]

Eine besonders schwere Straftat muss für die Anwendung der Onine-Durchsuchung dagegen nicht obwalten, wenn tatsächliche Anhaltspunkte vorliegen, die den Drogenhandel mit Minderjährigen (§ 100b Abs. 2 Nr. 4 lit. b StPO i.V.m. § 29a BtMG) betreffen. Selbiges gilt für den bandenmäßigen Schmuggel und Handel mit Betäubungsmittel (§ 100b Abs. 2 Nr. 4 lit. b StPO i.V.m. § 30 BtMG) sowie beim Schmuggel und Handel mit Betäubungsmittel in nicht geringer Menge[430] (§ 100b Abs. 2 Nr. 4 lit. b StPO i.V.m. § 30a BtMG).

Es kann daher zunächst festgehalten werden, dass nach der gegenwärtigen Gesetzeslage bei vielen Verstößen nach dem BtMG eine Online-Durchsuchung auf Grundlage des § 100b StPO von den Strafverfolgungs- und Gefahrenabwehrbehörden angewendet werden kann. Beim Handel und Schmuggel mit Betäubungsmitteln handelt es sich nach herrschender Meinung um ein abstraktes Gefährdungsdelikt und nicht etwa um ein potenzielles (abstrakt-konkretes) Gefährdungsdelikt.[431] Ein abstraktes Gefährdungsdelikt liegt vor, wenn eine generell gefährliche Verhaltensweise vorliegt; eine individuelle Gefahr muss dabei (noch) nicht eingetreten sein.[432] Da bei Delikten nach dem BtMG also grundsätzlich eine abstrakte und keine konkrete Gefahr vorliegt, ist eine Online-Durchsuchung daher in den vorgenannten Fällen unverhältnismäßig und damit verfassungswidrig. Von den insgesamt etwa 30.000 Anordnungen zur TKÜ im Jahr 2016 entfiel – wie bereits in den Vorjahren - der größte Teil auf Verstöße nach dem BtMG.[433] Es kann daher geschlussfolgert werden, dass auch eine Online-Durchsuchung in erster Linie bei derartigen Delikten angewandt wird.

---

[428] Exemplarisch Zollbeamte, Polizisten oder Lehrer.

[429] Vgl. *Körner/Patzak/Volkmer*, Betäubungsmittelgesetz, Rn. 50-61.

[430] Maßgeblich für die Bestimmung einer nicht geringen Menge ist deren Wirkstoffgehalt; vgl. zum Begriff der nicht geringen Menge *Körner/Patzak/Volkmer*, Betäubungsmittelgesetz, Rn. 49 ff.

[431] *Weber* BtMG § 29 Rn. 269 f.

[432] *Lexakt.de/Rechtslexikon*, Verletzungsdelikte/Gefährdungsdelikte, Internetquelle.

[433] *Bundesamt für Justiz*, Übersicht Telekommunikationsüberwachung (Maßnahmen nach § 100a StPO) für 2016.

VII.2.5 Zwischenergebnis zu § 100b StPO

Im Zwischenergebnis kann konstatiert werden, dass eine Vielzahl der Straftaten des § 100b StPO nicht die Erheblichkeitsschwelle überschreiten, die nach der Rechtsprechung des BVerfG notwendig ist, um eine Online-Durchsuchung zu rechtfertigen. De lege lata können insgesamt bei zehn von 27 Fallgruppen diese Mängel festgestellt werden. Da die Anwendung der Online-Durchsuchung bei annährend einem Drittel der Katalogstraften unverhältnismäßig und daher verfassungswidrig ist, empfiehlt sich eine entsprechende Novellierung des § 100b StPO.

Im Übrigen bestehen keine Bedenken gegen die Katalogstraftaten des § 100a StPO (Quellen-TKÜ). Trotz des grundsätzlich invasiveren Eingriffes in die informationelle Selbstbestimmung der Betroffenen, besteht aus den bereits geschilderten sicherheitsrechtlichen Erwägungen[434] die dringende Notwendigkeit, den Anwendungsbereich der Quellen-TKÜ soweit zu fassen, dass sämtliche Straftaten, bei denen die herkömmliche TKÜ möglich ist, inkludiert werden.

VII.3 Harmonisierung der Landespolizeigesetze und Landesverfassungsschutzgesetze

Im Forschungsgang konnte festgestellt werden, dass gegenwärtig sowohl die allgemeinen Regelungen als auch die spezifischen Befugnisse zur Quellen-TKÜ und Online-Durchsuchung in den landespolizeilichen und landesverfassungsschutzrechtlichen Grundlagen unterschiedlich ausgeprägt sind. Für die Anwendung der Quellen-TKÜ und Online-Durchsuchung besteht daher in einigen Bundesländern mitunter eine nicht unerhebliche Rechtsunsicherheit.

Abhilfe schaffte hier im Bereich der Strafverfolgungs- und Gefahrenabwehrbehörden ein Musterpolizeigesetz (MEPolG), welches die Landespolizeibehörden neben der gewöhnlichen TKÜ auch ausdrücklich zur Quellen-TKÜ und zur Online-Durchsuchung in besonderen Fällen ermächtigt. Bereits im

---

[434] Vgl. *B. Die Telekommunikationsüberwachung, Quellen-Telekommunikationsüberwachung und Online-Durchsuchung im sicherheitsrechtlichen Kontext.*

Juni 2017 wurde auf der IMK in Dresden beschlossen, ein MEPolG ausarbeiten zu lassen, um so „hohe gemeinsame gesetzliche Standards und eine effektive Erhöhung der öffentlichen Sicherheit zu erreichen"[435]. Ferner findet sich die Absicht der Erarbeitung eines MEPolG auch im aktuellen Koalitionsvertrag.[436] Dass die gegenwärtig bestehende Problematik der normativen Divergenz behoben wird, ist daher überwiegend wahrscheinlich und positiv zu beurteilen. Der gegenwärtige Zweck eines MEPolG beschränkt sich im Wesentlichen jedoch auf eine legislative Handlungsempfehlung für Sachverhalte, die im Zusammenhang mit dem internationalen Terrorismus stehen. Hierauf sollte sich jedoch nicht beschränkt werden. Vielmehr sollte eine weitergreifendere Sicht gewählt werden und ein MEPolG entworfen werden, dass die gesamte polizeiliche Arbeit und insbesondere auch den länderübergreifenden Austausch von Informationen weitgehend angleicht.[437] Nicht ausschließlich, aber insbesondere auch der Fall des Attentäters Anis Amri zeigte, dass die Zusammenarbeit der landespolizeilichen Behörden mitunter stark verbesserungsbedürftig ist. Es gilt daher abzuwarten, ob die bestehenden Probleme der praktischen Polizeiarbeit in der aktuellen Legislaturperiode gelöst werden können.

Auch die Landesverfassungsschutzgesetze sind gegenwärtig stark unterschiedlich ausgeprägt. Dies gilt insbesondere auch für den Einsatz der Quellen-TKÜ und Online-Durchsuchung.[438] Da neben der Polizei auch der Verfassungsschutz in der Bundesrepublik Deutschland im Grundsatz föderal organisiert ist,[439] besitzt jedes Bundesland eine eigene Verfassungsschutzbehörde. Die jeweiligen Landesregierungen besitzen also die Zuständigkeit für die Gesetzgebung im Bereich des Landesverfassungsschutzes. Hierbei kann

---

[435] Ständige Konferenz der Innenminister und -senatoren der Länder, Sammlung der zur Veröffentlichung freigegebenen Beschlüsse der 206. Sitzung der Ständigen Konferenz der Innenminister und -senatoren der Länder, 16.06.17, S. 43.

[436] Ein neuer Aufbruch für Europa Eine neue Dynamik für Deutschland Ein neuer Zusammenhalt für unser Land, Koalitionsvertrag zwischen CDU, CSU und SPD, 07.02.2018, S. 126.

[437] Ähnliche Ansicht: *Esposito*, ZRP 2017, 129.

[438] Vgl. *E. II. 2 Nachrichtendienste.*

[439] Vgl. jedoch Art. 73 Abs. 1 Nr. 10 lit. b GG.

nicht nachvollzogen werden, weshalb etwa in einer Stadt wie Hof an der Saale (Bayern) die Quellen-TKÜ durch den bayerischen Verfassungsschutz problemlos möglich sein soll, im 30 Kilometer entfernten Plauen (Sachsen) jedoch mitunter eine erhebliche Rechtsunsicherheit bei deren Einsatz durch das sächsische LfV besteht. In Rechtsprechung[440] und Schrifttum[441] herrscht weitgehende Einigkeit über die Zulässigkeit der Quellen-TKÜ, solange durch technische Mittel sichergestellt wird, dass nur die laufende Telekommunikation aufgenommen und überwacht wird. Dies gilt auch für den Verfassungsschutz. Eine länderübergreifende Angleichung – etwa durch ein bundesweites „Musterverfassungsschutzgesetz" – sorgte für die notwendige Rechtssicherheit bei der Anwendung der Quellen-TKÜ. Dies gilt jedoch nicht für die Online-Durchsuchung, die im Bereich des Verfassungsschutzes als verfassungswidrige Maßnahme erachtet werden muss.[442] Ernsthafte Bestrebungen eines „Musterverfassungsschutzgesetzes" liegen in der rechtspolitischen Diskussion indessen bisher nur in einem deutlich zu geringem Maße vor. Erschwerend kommt hinzu, dass auch im G10, welches die Verfassungsschutzbehörden der Länder zur TKÜ ermächtigt (§ 1 Abs. 1 Nr. 1 G10) die Quellen-TKÜ nicht explizit normiert ist.

VII.4 Implementierung der Quellen-Telekommunikationsüberwachung in das Artikel 10-Gesetz, Bundesverfassungsschutzgesetz und das Zollfahndungsdienstgesetz

Gegenwärtig sind im G10, BVerfSchG und ZFdG keine ausdrücklichen Ermächtigungen zur Quellen-TKÜ zu finden, obschon die Maßnahme sowohl von einigen Verfassungsschutzbehörden als auch vom Zollfahndungsdienst angewendet wird. Es besteht für die Anwender daher eine nicht unerhebliche Rechtsunsicherheit. Die bestehenden Normen in ihrer gegenwärtigen Form sind nicht hinreichend klar und bestimmt. Sie sind im Ergebnis als veraltet

---

[440] Vgl. *F. I. Justizielle Entscheidungen.*

[441] Vgl. *F. III. Schrifttum und Sachverständigenurteile.*

[442] Vgl. *G. I. Verfassungswidrigkeit der Online-Durchsuchung für Nachrichtendienste.*

anzusehen und halten nicht Schritt mit den informationstechnischen Veränderungen im Bereich der TKÜ.

Aus verfassungsrechtlicher Sicht problematisch ist hierbei insbesondere der Aspekt, dass Normen stets hinreichend bestimmt sein müssen.[443] So soll den Bürgern ermöglicht werden, das individuelle Verhalten an die Rechtsordnung anzupassen.[444] Die Formulierung der Normen muss so eindeutig sein, dass für den Bürger alle Folgen des Gesetzes vorhersehbar und berechenbar sind, so dass jedermann sein individuelles Verhalten nach diesen Regelungen ausrichten kann, die Verwaltung unstrittige Maßstäbe für ihr Handeln erhält und final auch eine zielführende justizielle Kontrolle ermöglicht wird.[445]

In der gegenwärtigen Gesetzessituation wird dem Bürger nur im Bereich der Strafverfolgung- und Gefahrenabwehr evident, dass eine Quellen-TKÜ bei entsprechendem Fehlverhalten möglich ist. Nicht ersichtlich wird ihm indes, dass dies auch durch die Nachrichtendienste möglich ist. Auch ist dem Bürger eine potenzielle Anwendung der Quellen-TKÜ beim Zollfahndungsdienst nur im Bereich der Strafverfolgung nach § 100a StPO; nicht jedoch bei Maßnahmen zur Gefahrenabwehr gemäß § 23a ZFdG ersichtlich. Die Quellen-TKÜ ist aufgrund des Einbringens eines Trojaners in ein informationstechnisches Gerät eine invasivere Maßnahme als die herkömmliche TKÜ, bei der die Signalerfassung im TK-Netz erfolgt.[446] Der Umstand, dass mitunter nicht nur die herkömmliche TKÜ, sondern eine Quellen-TKÜ durch Nachrichtendienste und Zoll droht, muss suffizient klar und bestimmt normativ verankert werden. Hierbei ist die Quellen-TKÜ de lege ferenda mit der Maßgabe zu beschreiben, dass für jedermann ersichtlich wird, dass die Überwachung und Aufzeichnung der Telekommunikation auch in der Weise erfolgen darf, dass ohne Wissen des Betroffenen mit technischen Mitteln in vom Betroffenen genutzte informationstechnische Systeme eingegriffen werden kann, wenn (1.) durch technische Mittel festgestellt ist, dass ausschließlich laufende Telekommunikation überwacht und aufgezeichnet wird und (2.) der Eingriff in

---

[443] BVerfGE 8, 274 ff. (326); 13, 153 ff. (161); 56, 1 ff. (12).
[444] *Grzeszick*, in Maunz/Dürig GG VII. Rn. 58.
[445] Ebd.
[446] Vgl. *B. II. Quellen-TKÜ*.

das informationstechnische System notwendig ist, um die Überwachung und Aufzeichnung der Telekommunikation auch in unverschlüsselter Form zu ermöglichen.

VII.4.1 Artikel 10-Gesetz

Für die Inlandsnachrichtendienste besteht gegenwärtig eine nicht unerhebliche Rechtsunsicherheit sowie eine mangelhafte Normenklarheit und Normenbestimmtheit hinsichtlich der Anwendung der Quellen-TKÜ auf der Grundlage des G10.

Anordnungen zur Quellen-TKÜ finden unter den Voraussetzungen des § 3 G10 statt. § 3 G10 kann hier als nachrichtendienstliches Pendant zu § 100a StPO für die Strafverfolgungsbehörden angesehen werden. Bei Bestehen tatsächlicher Anhaltspunkte für den Verdacht der Planung oder Begehung einer Katalogstraftat nach § 3 Abs. 1 Nr. 1 – 9 G10 i.V.m. § 1 Abs. 1 G10 dürfen die Nachrichtendienste die Kommunikation überwachen und aufzeichnen. Zur Wahrung der Rechtssicherheit sollte in § 3 G10 die Quellen-TKÜ eindeutig normiert werden. Als legislatives Vorbild kann hier § 100a Abs. 1 S. 2, 3 StPO dienen.

VII.4.2 Bundesverfassungsschutzgesetz

Eine vergleichbare Rechtssituation besteht auch im BVerfSchG.[447] In Ermangelung einer fehlenden Grundlage zur Quellen-TKÜ sollte hier eine Angleichung an Art. 13 Abs. 1 BayVSG und § 51 Abs. 2 BKAG erfolgen. Ein entsprechender Gesetzesantrages des Freistaates Bayern[448] vom 21. 03. 2017 ist gegenwärtig noch den Ausschüssen zugewiesen.[449]

---

[447] Vgl. *E. I. 6. Bundesverfassungsschutzgesetz.*

[448] BR-DRS. 228/17.

[449] *Deutscher Bundestag*, Dokumentations- und Informationssystem, ID: 18-80629, Internetquelle.

VII.4.3 Zollfahndungsdienstgesetz

Alleine bis zum Jahr 2012 haben das ZKA sowie die Zollfahndungsämter insgesamt 16 Maßnahmen zur Quellen-TKÜ durchgeführt.[450] Die Anordnungen wurden dabei auf der Grundlage des § 23a ZFdG zur Gefahrenabwehr sowie § 100a StPO zur Strafverfolgung getroffen. Aus Gründen der Rechtssicherheit sollte § 23a ZFdG dahingehend geändert werden, dass die Quellen-TKÜ explizit als Maßnahme mit aufgeführt respektive beschrieben wird. Insbesondere sollte hier also das rechtliche Korrelat des BKA (§ 51 Abs. 2 BKAG) als Vorbild dienen.

---

[450] *Der Bundesbeauftragte für den Datenschutz und die Informationsfreiheit*, Bericht gemäß § 26 Abs. 2 Bundesdatenschutzgesetz über Maßnahmen der Quellen-Telekommunikationsüberwachung bei den Sicherheitsbehörden des Bundes, 31.01.2012, S. 14.

VIII. Ökonomische Aspekte

Fraglich ist zuletzt, welche finanziellen Aufwendungen durch die Quellen-TKÜ und Online-Durchsuchung entstehen und in welchem Verhältnis diese zum Nutzen dieser Maßnahmen stehen.

Eine genaue Kostenkalkulation ist aus öffentlichen Quellen nicht zu entnehmen; es darf davon ausgegangen werden, dass derartiges üblicherweise als Verschlusssache[451] zu klassifizieren ist. Als ungefährer Vergleichswert kann die entsprechende Kalkulation der Republik Österreich dienen. Diese beziffert die betrieblichen Sachaufwendungen für die Einführung der Quellen-TKÜ auf insgesamt etwa 550.000 Euro im ersten Jahr (2016) und auf jeweils 450.000 Euro in den darauffolgenden Jahren (2017 – 2020).[452]

Grundsätzlich lässt sich feststellen, dass neben den allgemeinen Verwaltungskosten Aufwendungen entweder (1.) für den Erwerb von Know-how über ausnutzbare Schwachstellen und etwaig dazugehörige Lizenzgebühren oder aber (2.) für die Entwicklung und Aktualisierung selbsterschaffener Trojaner anfallen. Die Bundesrepublik Deutschland plant die Entwicklung eigener Spionagesoftware durch die Behörde ZITiS.[453] Dessen Etat lag im Jahr 2017 bei insgesamt 10.000.000 Euro[454] und bei gut 14.000.000 Euro im Jahr 2018.[455] Teilt man diesen Haushalt gleichermaßen durch die fünf Aufgabenbereiche „Digitale Forensik", „TKÜ", „Kryptoanalyse", „Massendatenauswertung (Big Data)" und „Malware-/ Hackinganalyse" kann von Aufwendungen für die Erforschung, Entwicklung und Einrichtung von informationstechnischen Maßnahmen zum Betrieb der Quellen-TKÜ und Online-Durchsuchung

---

[451] Verschlusssachen sind gemäß § 4 SÜG im öffentlichen Interesse geheimhaltungsbedürftige Tatsachen, Gegenstände oder Erkenntnisse. Verschlusssachen werden entsprechend ihrer Schutzbedürftigkeit als VS-NUR FÜR DEN DIENSTGEBRAUCH, VS-VERTRAULICH, GEHEIM oder STRENG GEHEIM eingestuft.

[452] 192/ME XXV. GP - Ministerialentwurf - Vorblatt und WFA2, S. 8.

[453] Vgl. *C. Entwicklung und Struktur der Telekommunikationsüberwachung*

[454] *Protokoll Inland der Bundesregierung*, Zentrale Stelle für Informationstechnik im Sicherheitsbereich, Internetquelle.

[455] *Bundesministerium des Inneren*, Zentrale Stelle für Informationstechnik im Sicherheitsbereich, Internetquelle.

von ungefähr 2.000.000 – 2.800.000 Euro jährlich ausgegangen werden. Bei diesem groben Wert handelt es sich um die Gesamtkosten inklusive aller Fixkosten. Die variablen Kosten für die Erforschung, Entwicklung und Einrichtung von informationstechnischen Maßnahmen zum Betrieb der Quellen-TKÜ und Online-Durchsuchung sind indessen ohne weitere Informationen nicht zu beziffern. Hinzu kommen die Kosten der operativen Anwendung der Maßnahmen. Im Jahr 2009 wurden Kosten pro Maßnahme von rund 6.000 Euro monatlich zuzüglich etwa 2.500 Euro einmaliger Kosten für die Installation der Software veranschlagt.[456] Diese Kosten erscheinen aufgrund der Gründung von ZITiS jedoch obsolet und können im Ergebnis als nicht mehr valide beurteilt werden.

Die tatsächlichen Kosten für die operative Anwendung werden im Wesentlichen vergleichbar mit den Belastungen zum Betrieb der herkömmlichen TKÜ sein. Allerdings sind auch die öffentlichen Ausgaben für die herkömmliche TKÜ aufgrund fehlender öffentlicher Quellen nicht ohne Weiteres final bestimmbar.[457]

Insgesamt lässt sich jedoch feststellen, dass sich eine Rentabilitätsanalyse in Fragen der öffentlichen Sicherheit regelmäßig erübrigt, wenn kein außerordentliches Missverhältnis vorherrscht. Überragend wichtige Rechtsgüter wie das Leib und Leben von Bürgern oder der Bestand des Bundes oder eines Landes sind schon aus moralischen Gründen nicht monetär abbildbar und sollten daher grundsätzlich nicht abgewogen werden.

Ein Missverhältnis zwischen Kosten und Nutzen könnte vorliegen, wenn der operative Erfolg der Maßnahmen nicht oder nur unzureichend eintritt. Aufgrund der festgestellten informationstechnischen Notwendigkeit der Quellen-TKÜ und Online-Durchsuchung ist ein offensichtliches Missverhältnis zwischen Kosten und Nutzen bei der Erforschung, Entwicklung, Einrichtung und tatsächlichen Anwendung der Quellen-TKÜ und Online-Durchsuchung

---

[456] *Buermeyer/Bäcker*, HRRS 10/2009, 434.

[457] Vgl. *Albrecht*, Rechtswirklichkeit und Effizienz der Überwachung der Telekommunikation und anderer verdeckter Ermittlungsmaßnahmen, S. 6.

jedoch nicht erkennbar. Ökonomische Erwägungen können daher der Anwendung der Maßnahmen im Ergebnis nicht entgegenstehen.

IX. Resümee

„Wer wesentliche Freiheit aufgeben kann, um eine geringfügige bloß jeweilige Sicherheit zu bewirken, verdient weder Freiheit, noch Sicherheit"[458], resümierte Benjamin Franklin im Jahre 1775. Dieser Ausspruch wird regelmäßig von Kritikern der Quellen-TKÜ und Online-Durchsuchung rezitiert. Leider wird in der aktuellen medialen und teilweise auch in der rechtspolitischen Debatte zu unreflektiert über die neuartigen TKÜ-Maßnahmen diskutiert. Obschon gerechtfertigte Kritikpunkte existieren, erfassen viele Kritiker der Maßnahmen nicht die vollständige Komplexität der Thematik und ihre Argumentationsmuster greifen daher häufig zu kurz. Andererseits sind bisherige gesetzliche Regelungen zur Online-Durchsuchung teilweise zu invasiv und nicht mehr verhältnismäßig. Es galt daher die komplexe Situation dezidiert und faktenbasiert ohne etwaige moralische Wertungen, welche wiederkehrend in der öffentlichen Debatte vorzufinden sind, juristisch aufzubereiten, ohne dabei den konkreten Bezug zur Praxis zu verlieren.

Zwar sind die Quellen-TKÜ und die Online-Durchsuchung unstrittig invasiver als die herkömmliche TKÜ; ist jedoch durch technische Maßnahmen sichergestellt, dass ausschließlich die laufende Telekommunikation überwacht und aufgezeichnet wird und die Überwachung der Telekommunikation – insbesondere aufgrund von Verschlüsselungstechnologien – nicht anders möglich ist, so ist die Quellen-TKÜ nach ständiger Rechtsprechung sowie der inzwischen herrschenden Meinung des juristischen Schrifttums als Alternative zur herkömmlichen TKÜ möglich und wird demgemäß auch bereits seit einigen Jahren in der operativen Arbeit der Nachrichtendienste sowie der Strafverfolgungs- und Gefahrenabwehrbehörden angewandt.

Problematisch ist hierbei jedoch, dass gegenwärtig nicht alle Sicherheitsbehörden die explizite normative Ermächtigung für die Anwendung der Quellen-TKÜ haben. In Ermangelung der verfassungsrechtlich notwendigen Normenklarheit und Bestimmtheit entsteht für einen Teil der Anwender der Quellen-TKÜ eine nicht unerhebliche Rechtsunsicherheit. Dies gilt

---

[458] *Franklin*, Dr. Benjamin Franklins nachgelassene Schriften und Correspondenz: Nebst seinem Leben, S. 442.

gleichermaßen auf Bundes- als auch auf Landesebene. Auf Bundesebene sollte deshalb die explizite Ermächtigung zur Quellen-TKÜ im G10, BVerfSchG und ZFdG implementiert werden. Landesrechtlich sollte mindestens die Quellen-TKÜ in alle Polizeigesetze und Verfassungsschutzgesetze der Länder integriert werden. Um weitere Defizite in der operativen Zusammenarbeit der Sicherheitsbehörden der Länder zu lösen und eine der gegenwärtigen Sicherheitslage geschuldete Rechtseinheitlichkeit herzustellen, empfiehlt sich bestenfalls jedoch die Verabschiedung eines Musterpolizei- und eines Musterverfassungsschutzgesetz.

Anders verhält es sich bei der Online-Durchsuchung, die nicht nur die laufende Telekommunikation, sondern das gesamte informationstechnische System ausspionieren kann. Die Online-Durchsuchung ist nach Rechtsprechung des BVerfG zwar im Grundsatz zulässig; notwendig hierfür sei jedoch das Vorliegen einer „konkrete[n] Gefahr für ein überragend wichtiges Rechtsgut"[459]. Diese Voraussetzungen sind regelmäßig nur bei einer unmittelbaren Gefahr von Kapitalverbrechen als erfüllt anzusehen. In einer derartig akuten Gefahrensituation obliegt die operative Sachbearbeitung der Fallkomplexe den Gefahrenabwehrbehörden und nicht den Inlandsnachrichtendiensten. Daher ist eine Online-Durchsuchung durch die deutschen Nachrichtendienste als unzulässig zu werten. Im Ergebnis muss daher auch festgestellt werden, dass Art. 10 BayVSG (Online-Durchsuchung) in seiner gegenwärtigen Form als verfassungswidrig einzustufen ist. Die anhängige Verfassungsbeschwerde gegen diese Norm wird dementsprechend voraussichtlich Erfolg haben. Selbiges gilt für die geplante Novellierung des HVSG.

Im Bereich der Strafverfolgung sind gegenwärtig nicht alle in § 100b Abs. 2 StPO aufgeführten Straftaten in Einklang mit dem Leitspruch des BVerfG[460]. Liegen etwa Vermögensdelikte oder nur abstrakte Gefährdungsdelikte vor,

---

[459] *BVerfG*, Urteil v. 27.02.2008 - 1 BvR 370/07, 1 BvR 595/07, BVerfGE 120, 274 (350) = NJW 2008, 822.

[460] *BVerfG*, Urteil v. 27.02.2008 - 1 BvR 370/07, 1 BvR 595/07, BVerfGE 120, 274 (350) = NJW 2008, 822.

ist die Maßnahme unverhältnismäßig und überstünde einer Kontrolle durch das BVerfG wohl nicht.

Die historische Entwicklung der TKÜ zeigt, dass bisher auf technische Veränderungen legislativ stets angemessen reagiert wurde und sich die TKÜ-Struktur an die informationstechnischen Begebenheiten zweckmäßig angepasst hat. Während im „Deutschen Herbst 1977"[461] die Telekommunikation noch ortsgebunden war und mobile Kommunikation maximal den Gang zu einem Münztelefon bedeutete, ist heute permanent verschlüsselte mobile Telekommunikation aus dem Alltagsleben nicht mehr hinwegzudenken. Daher liegt die kriminalistische Notwendigkeit vor, auch derartige Kommunikationsvorgänge durch die Sicherheitsbehörden überwachen und aufzeichnen zu lassen. Folgte der Staat nicht dem technologischen Fortschritt, nützten die fortschreitenden informationstechnischen Veränderungen im Bereich der Telekommunikation ausschließlich den Gegnern der Sicherheitsbehörden. Die Kritikpunkte einiger Akteure, die regelmäßig auch medial ertönen und auf praktische Sicherheitsbedenken hinweisen, sind ernst zu nehmen und potenzielle Gefahren durch das Eindringen in informationstechnische Systeme respektive das bewusste Offenlassen von Sicherheitslücken sind bestmöglich zu vermeiden. Wie diese Gefahrenminimierung konkret auszugestalten ist, soll an dieser Stelle hingegen offenbleiben und den dafür zuständigen Beamten in der neugeschaffenen Behörde ZITiS überlassen werden.

Es darf in keinem Fall darum gehen – etwa aus rein politischen Gründen aufgrund des gestiegenen Bedürfnisses nach Sicherheit in der Bevölkerung – Individualrechte zusätzlich einzuschränken, sondern die bisherigen Aufklärungs- und Ermittlungsmöglichkeiten der Sicherheitsbehörden an die telekommunikationstechnologische Entwicklung anzupassen, so dass die bisher bestehenden TKÜ-Kompetenzen der Behörden aufrechterhalten werden können. Dies misslang de lege lata teilweise bei § 100b Abs. 2 StPO und der (geplanten) legislativen Befugnis zur Online-Durchsuchung für Landesverfassungsschutzbehörden. Wird § 100b StPO jedoch entsprechend

---

[461] Der „Deutsche Herbst 1977" bezeichnet die politische Atmosphäre in der Bundesrepublik Deutschland, als die linksterroristische Vereinigung Rote Armee Fraktion (RAF) im September und Oktober 1977 mehrere Anschläge in der Bundesrepublik verübt hat.

novelliert und die Online-Durchsuchung für Nachrichtendienste insgesamt untersagt, bestehen für die Verfolgung von Straftaten keine rechtsfreien Räume und gleichzeitig wird die informationelle Selbstbestimmung des Einzelnen in hinreichendem Maße geschützt, so dass wesentliche Freiheiten der Bürger nicht aufgegeben werden müssen und die öffentliche Sicherheit trotzdem gewährleistet werden kann. Ein für alle Akteure angemessener Ausgleich im Spannungsfeld zwischen der informationellen Selbstbestimmung des Einzelnen einerseits und dem Allgemeinbedürfnis nach öffentlicher Sicherheit andererseits kann somit hergestellt werden.

X. Literaturverzeichnis

69. Deutscher Juristentag 2012, Beschlüsse, Abteilung Strafrecht, Strafprozessrecht.

Abate, C., Online-Durchsuchung, Quellen-Telekommunikationsüberwachung und die Tücke im Detail - Einfluss rechtlicher und technischer Entwicklungen auf verdeckte Online-Ermittlungen zur Gewährleistung der inneren Sicherheit, DuD 2011, 122 (125).

Albrecht H. J./Krüpe-Gescher, C./Dorsch, C., Rechtswirklichkeit und Effizienz der Überwachung der Telekommunikation und anderer verdeckter Ermittlungsmaßnahmen: Eine rechtstatsächliche Untersuchung im Auftrag des Bundesministeriums der Justiz, 1. Aufl., Freiburg 2003.

Albrecht, F., Das Grundrecht auf Gewährleistung der Vertraulichkeit und Integrität informationstechnischer Systeme und die Gewährleistung digitaler Privatheit im grundrechtlichen Kontext, ZD-Aktuell 2016, 04199.

Albrecht, F., Rechtswidrige Online-Durchsuchung durch das Bayerische Landeskriminalamt, Anmerkung zu LG Landshut, Beschluss vom 20.01.2011 - 4 Qs 346/10, JurPC Web-Dokument 59/2011.

ARD-DeutschlandTREND, Januar 2016.

Bär, W., AG Bayreuth: Quellen-TK-Überwachung bei VoIP, MMR 2010, 266 (268).

Bär, W., LG Hamburg: Überwachung verschlüsselter Skype-Kommunikation, MMR 2011, 693 (697).

Bassenge, P., Der allgemeine strafrechtliche Gefahrbegriff und seine Anwendung im zweiten Teil des Strafgesetzbuchs und in den strafrechtlichen Nebengesetzen, Dissertation, Bonn 1961.

Beck'scher Online-Kommentar Datenschutzrecht, hrsg. v. Brink, S./Wolff, H. A., 23. Aufl., München 2018.

Beck'scher Online-Kommentar Grundgesetz, hrsg. v. Epping, V./Hillgruber, C., 26. Aufl., München 2015.

Beck'scher Online-Kommentar Informations- und Medienrecht, hrsg. v. Gersdorf, H./Paal, B. P., 9. Aufl., München 2015.

Beck'scher Online-Kommentar Polizei- und Ordnungsrecht Niedersachsen, hrsg. v. Möstl, M./Weiner, U., 2. Aufl., München 2015.

Beck'scher Online-Kommentar Polizei- und Ordnungsrecht Nordrhein-Westfalen, hrsg. v. Möstl, M./Kugelmann, D., 1. Aufl., München 2015.

Beck'scher Online-Kommentar Polizei- und Sicherheitsrecht Bayern, hrsg. v. Möstl, M./Schwabenbauer, T., 1. Aufl., München 2016.

Beck'scher Online-Kommentar Strafprozessordnung, hrsg. v. Graf, P., 13. Aufl., München 2012.

Beck'scher TKG-Kommentar, hrsg. v. Geppert, M./Schütz, R., 4. Aufl., München 2013.

Berliner Kommentar TKG, hrsg. v. Arndt, H. W./Scherer, J./Graulich, K. et al., 2. Aufl., Berlin 2015.

Brodowski, D./Eisenmenger, F., Zugriff auf Cloud-Speicher und Internetdienste durch Ermittlungsbehörden - Sachliche und zeitliche Reichweite der „kleinen Online-Durchsuchung" nach § 110 Abs. 3 StPO, ZD 2014, 119-126.

Brodowski, D., Verdeckte technische Überwachungsmaßnahmen im Polizei- und Strafverfahrensrecht. Zur rechtsstaatlichen und rechtspraktischen Notwendigkeit eines einheitlichen operativen Ermittlungsrechts, 1. Aufl., Tübingen 2016.

Buermeyer, U./Bäcker, M., Zur Rechtswidrigkeit der Quellen-Telekommunikationsüberwachung auf Grundlage des § 100a StPO, HRRS 10/2009, 434-441.

Bumiller, U./Harders, D./Schwamb, W. (Hrsg.), Gesetz über das Verfahren in Familiensachen und in den Angelegenheiten der freiwilligen Gerichtsbarkeit, 11. Aufl., München 2015.

Bundesamt für Justiz, Übersicht Telekommunikationsüberwachung (Maßnahmen nach § 100a StPO) für 2016.

Bundesamt für Verfassungsschutz, Imagebroschüre 2016, Köln 2016.

Bundesbeauftragter für den Datenschutz und die Informationsfreiheit, Bericht gemäß § 26 Abs. 2 Bundesdatenschutzgesetz über Maßnahmen der Quellen-Telekommunikationsüberwachung bei den Sicherheitsbehörden des Bundes, 2012.

Bundesministerium des Inneren (Hrsg.), Verfassungsschutzbericht 2016, Berlin 2017.

Bundesministerium des Inneren (Hrsg.), Cyber-Sicherheitsstrategie für Deutschland 2016, Berlin 2016.

Chaos Computer Club, Risiken für die innere Sicherheit beim Einsatz von Schadsoftware in der Strafverfolgung, 31.05.2017.

Chaos Computer Club, Stellungnahme zur „Quellen-TKÜ", 09.08.2016.

Der bayerische Landesbeauftragte für Datenschutz, Prüfbericht Quellen-TKÜ, München 2012.

Deutscher Anwaltverein, Pressemitteilung vom 19.06.2017, DAV gegen Einführung der Online-Durchsuchung und Quellen-TKÜ, 19.06.2017.

Dölling, D./Duttge, G./König, S./Rössner, D. (Hrsg.), Gesamtes Strafrecht, 4. Aufl., Baden-Baden 2017.

Dreier, H. (Hrsg.), Grundgesetz, 3. Aufl., Tübingen 2015.

Droste, B., Handbuch des Verfassungsschutzrechts, 1. Aufl., Stuttgart 2017.

Eco – Verband der Internetwirtschaft e.V., Pressemitteilung vom 15.09.2008, Die Risiken der Online-Durchsuchung müssen ernst genommen werden, 15.09.2008.

Erbs, G./Kohlhaas, M. (Begr.), Strafrechtliche Nebengesetze, 217. Ergänzungslieferung, München 2017.

Erichsen, H.-U./Ehlers, D. (Hrsg.), Allgemeines Verwaltungsrecht, 14. Aufl., Berlin 2010.

Esposito, A., Musterpolizeigesetz: Einheitlichkeit gegen den Terror, ZRP 2017, 129.

Focus, Nr. 26, 25.06.2016.

Franklin, B., Dr. Benjamin Franklins nachgelassene Schriften und Correspondenz: Nebst Seinem Leben, Weimar 1818.

Frankfurter Allgemeine Zeitung, Nr. 293, 17.12.2014.

Freiling, F./Safferling, C./Rückert, C., Quellen-TKÜ und Online-Durchsuchung als neue Maßnahmen für die Strafverfolgung: Rechtliche und technische Herausforderungen, JR 2018I, 9-22.

Generalstaatsanwaltschaft München, Leitfaden zum Datenzugriff insbesondere für den Bereich der Telekommunikation, München 2011.

Gesellschaft für Freiheitsrechte, Pressemitteilung vom 02.08.2017, GFF erhebt Verfassungsbeschwerde gegen Bayerisches Verfassungsschutzgesetz, 02.08.2017.

Gusy, C., Das Grundrecht des Post- und Fernmeldegeheimnisses, JuS 1986, 89 (96)

Heintschel-Heinegg, B./Bockemühl, J. (Hrsg.), Kommentar zur Strafprozessordnung, 84. Aufl., München 2018.

Hirsch, B., Das Grundrecht auf Gewährleistung der Vertraulichkeit und Integrität informationstechnischer Systeme, NJOZ 2008, 1907 (1915).

Hoffmann-Riem, W., Der grundrechtliche Schutz der Vertraulichkeit und Integrität eigengenutzter informationstechnischer Systeme, JZ 2008, S. 1009-1022.

Holz, T./Engelberth, M./Freiling, F., Learning More About the Underground Economy: A Case-Study of Keyloggers and Dropzones, Mannheim 2008.

Holzner, S., Die Online-Durchsuchung: Entwicklung eines neuen Grundrechts, 1. Aufl., Herbolzheim 2009.

Isensee, J./Kirchhof, P. (Hrsg.), Handbuch des Staatsrechts der Bundesrepublik Deutschland Band IV: Aufgaben des Staates, 3. Aufl., Heidelberg 2006.

Jarass, H./Pieroth, B. (Hrsg.), Grundgesetz für die Bundesrepublik Deutschland, 14. Aufl., München 2016.

Karlsruher Kommentar zur Strafprozessordnung, hrsg. v. Hannich, R., 7. Aufl., München 2013.

Kaufmann, N., BGH lehnt Online-Durchsuchungen ab und NRW schafft statthaftes Gesetz, MMR 2007, Heft 2, XII.

Kindhäuser, U./Neumann, U./Paeffgen, H.-U. (Hrsg.), bearb. v. Albrecht, H.-J./Altenhain, K./Dannecker, G. et al., Strafgesetzbuch, 5. Aufl., Baden-Baden 2017.

Knierim, T., BVerfG: Reichweite und Grenzen der Online-Durchsuchung, FD-StrafR 2008, 253764.

Knierim, T./Oehmichen, A./, Beck, S./Geisler, C., Gesamtes Strafrecht aktuell, 1. Aufl., Baden-Baden 2018.

Koalitionsvertrag zwischen CDU, CSU und SPD, Ein neuer Aufbruch für Europa Eine neue Dynamik für Deutschland Ein neuer Zusammenhalt für unser Land, 07.02.2018.

Königshofen, T., Private Netze aus fernmelderechtlicher Sicht, Archiv PT 1994, 39 (48).

Körner, H. (Begr.), bearb. v. Patzak, J./Volkmer, M., Betäubungsmittelgesetz, 8. Aufl., München 2016.

Kudlich, H., Die Relevanz der Rechtsgutstheorie im modernen Verfassungsstaat, ZStrW Bd. 127, 635 (653).

Kugelmann, D., Gesetz über das Bundeskriminalamt und die Zusammenarbeit des Bundes und der Länder in kriminalpolizeilichen Angelegenheiten, 1. Aufl., Baden-Baden 2014.

Kuntz, W., BMI: ZITiS nimmt Arbeit auf, ZD-Aktuell 2017, 05466.

Löwe/Rosenberg, hrsg. v. Erb, V./Esser, R./Franke, U. et al., Die Strafprozessordnung und das Gerichtsverfassungsgesetz, 26. Aufl., Berlin 2010.

Mangoldt, H. (Begr.), bearb. v. Klein, F./Starck, C. et al., Kommentar zum Grundgesetz, 7. Aufl., München 2018.

Marbeth-Kubicki, A., Computer- und Internetstrafrecht, 2. Aufl., München 2010.

Maunz, T. (Begr.), bearb. v. Schmidt-Bleibtreu, B./Klein, F./Ulsamer, G., Bundesverfassungsgerichtsgesetz, 52. Aufl., München 2017.

Maunz, T./Dürig, G. (Begr.), bearb. v. Herzog, T., Scholz, R., Herdegen, M. et al., Grundgesetz, 81. Auflage, München 2017.

Meyer-Goßner, L./Schmitt, B. (Hrsg.), Strafprozessordnung, 61. Aufl., München 2018.

Moßbrucker, D., Netz der Dissidenten, APuZ, 16 (22).

Münchener Kommentar zum Strafgesetzbuch, hrsg. v. Joecks, W./Miebach, K., 3. Aufl., München 2016.

Münchener Kommentar zur Strafprozessordnung, hrsg. v. Knauer, C./Schneider, H., 1. Aufl., München 2014.

Nehm, K., Das nachrichtendienstrechtliche Trennungsgebot und die neue Sicherheitsarchitektur, NJW 2004, 3289 (3295).

Rachor, F./Denninger, E. (Hrsg.), Handbuch des Polizeirechts, 5. Aufl., München 2015.

Redaktion Beck-aktuell, 27. Februar 2008.

Redaktion FD-StrafR, Rechtsausschuss billigt Online-Durchsuchung, FD-StrafR 2017, 392557.

Redaktion MMR-Aktuell, ZITiS-Bundesbehörde kommt nach München, MMR-Aktuell 2017, 386765.

Redaktion NJW, NJW-Spezial 2008, 184.

Redaktion NJW, NJW-Spezial 2011, 282.

Redaktion NJW, NJW-Spezial 2017, 440.

Redaktion ZD-Aktuell, Bundesrat: Quellen-TKÜ und Online-Durchsuchung gebilligt, ZD-Aktuell 2017, 05713.

Redaktion ZD-Aktuell, Schaar kritisiert Pläne für neue Sicherheitsbehörde, ZD-Aktuell 2016, 05211.

Redaktion ZD-Aktuell, ZD-Aktuell 2017, 05744.

Roewer, H., Nachrichtendienstrecht der Bundesrepublik Deutschland: Kommentar und Vorschriftensammlung für die Praxis der Verfassungsschutzbehörden, des Bundesnachrichtendienstes und des Militärischen Abschirmdienstes, 1. Aufl., Köln 1987.

Roggan, F./Bergemann, N., Die „neue Sicherheitsarchitektur" der Bundesrepublik Deutschland - Anti-Terror-Datei, gemeinsame Projektdateien und Terrorismusbekämpfungsergänzungsgesetz, NJW 2007, 876 (881).

Roggan, F. (Hrsg.), Online Durchsuchungen, Rechtliche und tatsächliche Konsequenzen des BVerfG-Urteils vom 27. Februar 2008, Berlin 2008.

Roggan, F., G-10-Gesetz, 1. Aufl., Baden-Baden 2012.

Roggan, F./Kutscha, M. (Hrsg.), Handbuch zum Recht der Inneren Sicherheit, 2. Aufl., Berlin 2006.

Roßnagel, A./Schnabel, C., Das Grundrecht auf Gewährleistung der Vertraulichkeit und Integrität informationstechnischer Systeme und sein Einfluss auf das Privatrecht, NJW 2008, 3534 (3538).

Rux, J., Ausforschung privater Rechner durch die Polizei- und Sicherheitsbehörden, JZ 2007, 185 (295).

Sachs, M. (Hrsg.), bearb. v. Battis, U./Bethge, H./Bonk, H.-J. et al., Grundgesetz, 8. Aufl., München 2018.

Schäfer, H., Präventive Telekommunikationsüberwachung, Dissertation, Freiburg 2007.

Schenke, W.-R./Graulich, K./Ruthig, J. (Hrsg.), Sicherheitsrecht des Bundes, 1. Aufl., München 2014.

Scheurle, K.-D./Mayen, T. (Hrsg.), Telekommunikationsgesetz, 3. Aufl., München 2018.

Schmidt, J./Königshofen, T., Telekommunikationsrecht der Bundesrepublik Deutschland, 1. Aufl., Heidelberg 1995.

Schmidt-Bleibtreu, B./ Hofmann, H./ Henneke, H.-G. (Hrsg.), Grundgesetz, 14. Aufl., Köln 2017

Schneier, B./Seidel, K./Vijayakumar, S., A Worldwide Survey of Encryption Products, Berkmann-Klein Center Research Publication No. 2016-2, Cambridge 2016.

Schönke, A./Schröder, H. (Begr.), bearb. v. Eser, A./Perron, W./Sternberg-Lieben, D. et al., Strafgesetzbuch, 29. Aufl., München 2014.

Schwabenhauer, T., Heimliche Grundrechtseingriffe: Ein Beitrag zu den Möglichkeiten und Grenzen sicherheitsbehördlicher Ausforschung (Studien und Beiträge zum Öffentlichen Recht, Band 15), 1. Aufl., Tübingen 2013.

Sievers, M., Der Schutz der Kommunikation im Internet durch Art. 10 des Grundgesetzes, 1. Auflage, Baden-Baden 2003.

Sokol, B., in: Michalke, R./Köberer, W./Pauly, J. et al. (Hrsg.), Auf der Rutschbahn in die Überwachbarkeit - Das Beispiel der Online-Durchsuchungen, Festschrift für Rainer Hamm zum 65. Geburtstag am 24. Februar 2008, Berlin 2008, S. 719-723.

Spindler, G./Schuster, F. (Hrsg.), Recht der elektronischen Medien, 2. Aufl., München 2011.

Stadler, T., Zulässigkeit der heimlichen Installation von Überwachungssoftware, MMR 2012, 18 (20).

Ständige Konferenz der Innenminister und -senatoren der Länder, Sammlung der zur Veröffentlichung freigegebenen Beschlüsse der 206. Sitzung der Ständigen Konferenz der Innenminister und -senatoren der Länder, 16.06.17.

Statista, Dossier WhatsApp, 2017.

Stern, K./Becker, F. (Hrsg.), Grundrechte-Kommentar, 2. Aufl., Köln 2015.

Taeger, J./Wiebe, A. (Hrsg.), Inside the Cloud - Neue Herausforderungen für das Informationsrecht: Tagungsband Herbstakademie 2009.

U.S. Department of Homeland Security, Field Analysis Report, Assessing ISIL's Influence and Perceived Legitimacy in the Homeland: A State and Local Perspective, Washington D.C. 2015.

VATM, 17. TK-Marktanalyse Deutschland 2015.

Von Münch, I. (Begr.), hrsg. v. Kunig, P., Grundgesetz-Kommentar, 6. Aufl., München 2012.

Weber, K., Betäubungsmittelgesetz, 4. Aufl., München 2013.

Weber, U., in: Fezer, G./Schlüchter, E./Rößner, D. et al. (Hrsg.), Objektive Grenzen der strafbefreienden Einwilligung in Lebens- und Gesundheitsgefährdungen, in Festschrift für Jürgen Baumann zum 70. Geburtstag am 22. Juni 1992, Bielefeld 1992, S. 43-55.

Wehr, M., Gesetz über die Bundespolizei, 2. Aufl., Baden-Baden 2015.

Weise, G., Informationsoperationen weltweit: Die Nachrichtendienste und ihre Fähigkeiten zur globalen Kommunikationsüberwachung, digitalen Datenerfassung und elektronischen Kriegsführung, 1. Aufl., Hannover 2015.

ZDF Politbarometer vom 02. Juni 2017.

Zieschang, F., Die Gefährdungsdelikte, 1. Aufl., Berlin 1998.

Zöller, M., Informationssysteme und Vorfeldmaßnahmen von Polizei, Staatsanwaltschaft und Nachrichtendiensten: Zur Vernetzung von Strafverfolgung und Kriminalitätsverhütung im Zeitalter von multimedialer Kommunikation und Persönlichkeitsschutz, 1. Aufl., Heidelberg 2002.

XI. Internetquellen

Alle Internetquellen wurden zuletzt am 04. 06. 2018 aufgerufen.

20 Minuten, Jeder Zweite hat bereits Nackt-Selfies verschickt,
https://www.20min.ch/community/stories/story/Jeder-Zweite-hat-bereits-
Nackt-Selfies-verschickt-24983041?httpsredirect.

Anwaltskanzlei Hild & Kollegen, Abhören von Skype-Telefonaten im Rahmen von §
100a StPO zulässig, http://www.kanzlei.biz/17-09-2009-ag-bayreuth-gs-911-
09/.

Bayerische Staatsregierung, Rechtmäßiger Einsatz der Quellen-TKÜ, http://www.bay-
ern.de/rechtmaessiger-einsatz-der-quellen-tkue/.

Bundesamt für Verfassungsschutz, Gemeinsames Terrorismusabwehrzentrum,
https://www.verfassungsschutz.de/de/arbeitsfelder/af-islamismus-und-is-
lamistischer-terrorismus/gemeinsames-terrorismusabwehrzentrum-gtaz.

Bundesamt für Verfassungsschutz, Massive Ausschreitungen beim G20-Gipfel in Hamburg – Reaktionen der linksextremistischen Szene, http://www.verfassungs-
schutz.de/de/aktuelles/schlaglicht/schlaglicht-2017-07-reaktionen-der-links-
extremistischen-szene-auf-ausschreitungen-beim-g20-gipfel.

Bundesamt für Verfassungsschutz, Rede von BfV-Präsident Dr. Maaßen auf dem 21. Europäischen Polizeikongress am 7. Februar 2018 in Berlin, http://www.verfas-
sungsschutz.de/de/oeffentlichkeitsarbeit/vortraege/rede-maassen-20180207-
europaeischer-polizeikongress-2018.

Bundeskriminalamt, Organisierte Kriminalität, http://www.bka.de/DE/UnsereAufga-
ben/Deliktsbereiche/OrganisierteKriminalitaet/organisiertekriminali-
taet_node.html.

Bundesministerium des Inneren, Bundesverwaltungsamt,
http://www.bmi.bund.de/SharedDocs/behoerden/DE/bva.html.

Bundesministerium des Inneren, Cyber-Sicherheitsstrategie,
http://www.bmi.bund.de/DE/themen/it-und-digitalpolitik/it-und-cybersicher-
heit/cyber-sicherheitsstrategie/cyber-sicherheitsstrategie-node.html.

Bundesministerium des Inneren, Startschuss für ZITiS,
http://www.bmi.bund.de/SharedDocs/pressemitteilungen/DE/2017/01/zitis-
vorstellung.html.

Bundesministerium des Inneren, Zentrale Stelle für Informationstechnik im Sicherheitsbereich, http://www.bmi.bund.de/SharedDocs/behoerden/DE/zitis.html.

Bundeszentrale für politische Bildung, Technische Überwachungsmaßnahmen, http://www.bpb.de/politik/innenpolitik/innere-sicherheit/125982/technische-ueberwachungsmassnahmen.

Chaos Computer Club, Home, http://www.ccc.de.

Comey, J., Going Dark: Are Technology, Privacy, and Public Safety on a Collision Course?, http://www.fbi.gov/news/speeches/going-dark-are-technology-privacy-and-public-safety-on-a-collision-course.

Deutscher Bundestag, Bundestag gibt Strafermittlern neue Instrumente in die Hand, http://www.bundestag.de/dokumente/textarchiv/2017/kw25-de-aenderungstgb/511182.

Deutscher Bundestag, Dokumentations- und Informationssystem, ID: 18-80629, http://dipbt.bundestag.de/extrakt/ba/WP18/806/80629.html.

Deutscher Bundestag, G 10-Kommission, http://www.bundestag.de/ausschuesse/ausschuesse18/gremien18/g10#url=L2F1c3NjaHVlc3NlL2F1c3NjaHVlc3NlMTgvZ3JlbWll-bjE4L2cxMC9hdWZnYWJlbLzI0ODE0OA==&mod=mod441722.

Deutscher Bundestag, Pro und Contra Staatstrojaner bei der Anhörung zur Strafrechtsreform, http://www.bundestag.de/dokumente/textarchiv/2017/kw22-parecht-strafrecht/508168.

Die Tageszeitung, De Maizière will den Bund stärken, http://www.taz.de/!5370506/.

Die Tageszeitung, Der geheime Gewinner, http://www.taz.de/!5481402/.

Die Welt, Festnahme in Schwerin hat „schweren Terroranschlag" verhindert, http://www.welt.de/politik/deutschland/article170196772/Festnahme-in-Schwerin-hat-schweren-Terroranschlag-verhindert.html.

Die Welt, Messengerdienste wollen sich nicht überwachen lassen, http://www.welt.de/politik/deutschland/article165641533/Messengerdienste-wollen-sich-nicht-ueberwachen-lassen.html.

Die Welt, Staatstrojaner ist offenbar längst im Einsatz – und spioniert Handynutzer aus, http://www.welt.de/politik/deutschland/article172910051/Umstrittene-Ueberwachung-Staatstrojaner-ist-offenbar-laengst-im-Einsatz-und-spioniert-Handynutzer-aus.html.

Dr. Damm & Partner, LG Landshut: Bundestrojaner darf nicht alle 30 Sekunden Screenshots vom PC-Bildschirm versenden / Verstoß gegen § 100 a StPO, http://www.damm-legal.de/lg-landshut-bundestrojaner-darf-nicht-alle-30-sekunden-screenshots-vom-pc-bildschirm-versenden-verstoss-gegen-100-a-stpo.

Dresdner Neueste Nachrichten, Bund und Länder wollen Standards im Kampf gegen Terror, http://www.dnn.de/Region/Mitteldeutschland/Bund-und-Laender-wollen-Standards-im-Kampf-gegen-Terror.

Focus, "Auf allen Ebenen": Ex-BND-Chef fordert Stärkung des Verfassungsschutzes, http://www.focus.de/politik/deutschland/terrorabwehr-ex-bnd-chef-fordert-staerkung-des-verfassungsschutzes_id_6449406.html.

Frankfurter Rundschau, Hessens Verfassungsschutz soll mitlesen, http://www.fr.de/rhein-main/landespolitik/hessen-hessens-verfassungs-schutz-soll-mitlesen-a-1362493.

Gabler Wirtschaftslexikon, Cloud Computing, http://www.wirtschaftslexikon.gabler.de/definition/cloud-computing-53360.

Grüne Landtagsfraktion Sachsen-Anhalt, Mittelfristig den Verfassungsschutz auflösen, http://www.gruene-fraktion-sachsen-anhalt.de/pressemitteilungen/2012/11-2012/mittelfristig-den-verfassungsschutz-aufloesen/.

Göttinger Tagblatt, Grüne wollen Zitis verhindern, http://www.goettinger-tageblatt.de/Nachrichten/Politik/Deutschland-Welt/Gruene-wollen-Zitis-verhindern.

Golem, Zitis soll von München aus Whatsapp knacken, https://www.golem.de/news/sicherheitsbehoerde-zitis-soll-von-muenchen-aus-whatsapp-knacken-1701-125722.html.

Heise, Nur 16 Prozent der Deutschen verschlüsseln ihre E-Mails, http://www.heise.de/newsticker/meldung/Umfrage-Nur-16-Prozent-der-Deutschen-verschluesseln-ihre-E-Mails-3720597.html.

Hessisches Ministerium des Innern und für Sport, Eckpunkte für neues Verfassungsschutzgesetz vorgestellt, http://www.innen.hessen.de/presse/pressemitteilung/eckpunkte-fuer-neues-verfassungsschutzgesetz-vorgestellt.

Kriminalpolitische Zeitschrift, Quellen-TKÜ, http://www.kripoz.de/Kategorie/gesetzentwuerfe/quellen-tkue/.

Legal Tribune Online, Polizeigesetz des Landes Sachsen-Anhalt teilweise verfassungswidrig, http://www.lto.de/recht/nachrichten/n/lvg-sachsen-anhalt-lvg913-polizeigesetz-sog-lsa-alkohol-telekommunikation-verfassungswidrig/.

Legal Tribune Online, Staatstrojaner auch vor Wiesbaden, http://www.lto.de/recht/nachrichten/n/landtag-hessen-beratung-verfassungsschutzgesetz-trojaner-ueberwachung/.

Lexakt.de/Rechtslexikon, Verletzungsdelikte/Gefährdungsdelikte, http://www.lexexakt.de/index.php/glossar/verletzungsdelikt.php.

Protokoll Inland der Bundesregierung, Zentrale Stelle für Informationstechnik im Sicherheitsbereich, http://www.protokoll-inland.de/DE/Ministerium/BehoerdenEinrichtungen/ZITiS/zitis_node.html.

Schaar P., Grundrechtsbeschränkung im Schnelldurchgang: Quellen-Telekommunikationsüberwachung und Online-Durchsuchung, https://www.eaid-berlin.de/?p=1786.

Silicon, Bitkom stellt sich gegen Online-Durchsuchung, http://www.silicon.de/39184812/bitkom-stellt-sich-gegen-online-durchsuchung/.

Singelnstein T., Hacken zur Strafverfolgung? Gefahren und Grenzen der strafprozessualen Online-Durchsuchung, https://verfassungsblog.de/author/tobias-singelnstein/.

Spiegel Online, Flüchtling und Soldat - das Doppelleben von Oberleutnant Franco A., http://www.spiegel.de/politik/deutschland/bundeswehr-offizier-unter-terrorverdacht-das-bizarre-doppelleben-des-franco-a-a-1145166.html.

Spiegel Online, Geheimdienstchef Maaßen will mehr Macht, http://www.spiegel.de/politik/deutschland/verfassungsschutz-hans-georg-maassen-will-mehr-macht-a-1188931.html.

Spiegel Online, Grünes Licht für den gekauften Staatstrojaner, http://www.spiegel.de/netzwelt/netzpolitik/smartphone-ueberwachung-bka-darf-gekauften-staatstrojaner-jetzt-einsetzen-a-1191112.html.

Süddeutsche Zeitung, Die digitale Inquisition hat begonnen, http://www.sueddeutsche.de/digital/staatstrojaner-die-digitale-inquisition-hat-begonnen-1.3843494.

Tagesspiegel, Linke will Geheimdienste abschaffen, http://www.tagesspiegel.de/politik/parteitag-in-hannover-linke-will-geheimdienste-abschaffen/19918436.html.

Zeit Online, Innenminister einigen sich auf Überwachung von WhatsApp, http://www.zeit.de/politik/deutschland/2017-06/thomas-de-maiziere-messengerdienste-whatsapp-innenministerkonferenz-schleierfahndung.

Zentrale Stelle für Informationstechnik im Sicherheitsbereich, Telekommunikationsüberwachung, http://www.zitis.bund.de/DE/Arbeitsfelder/Ueberwachung/ueberwachung_node.html.

Zentrale Stelle für Informationstechnik im Sicherheitsbereich, Arbeitsfelder, http://www.zitis.bund.de/DE/Arbeitsfelder/arbeitsfelder_node.html;jsessionid=C02A8302F8340892946C4BBD152A2E63.2_cid386.